Hans-Peter Richter

BGB
SACHENRECHT 1
Bewegliche Sachen

INHALTSÜBERSICHT

16. Auflage 2008

ISBN 978-3-935150-04-0

Einleitung

Zum Skriptum

Das vorliegende Skriptum soll den Studierenden einen Einstieg in das Sachenrecht im Bereich des Rechts der beweglichen Sachen ermöglichen. Daneben soll, wie auch in den anderen Bänden, die Fallbearbeitungstechnik weiter vertieft werden.

Das Skriptum erhebt nicht den Anspruch der Wissenschaftlichkeit, sondern es will als Lernhilfe verstanden sein. Sprachliche wie gedankliche Ausgestaltung sind daher diesem Zweck angepasst, um so ein möglichst unproblematisches Durcharbeiten zu gewährleisten. Um diesem Ziel gerecht zu werden, wurde bewusst weitgehend auf die Verarbeitung von Literatur und Rechtsprechung in Form von Zitaten verzichtet. Ebenso erschien es nicht ratsam, die behandelten Gebiete bis in alle Tiefen darzustellen, da dadurch zu leicht für den Neuling in diesem Rechtsgebiet der "rote Faden" verloren geht. Streitstände und abweichende Ansichten werden nur an unumgänglichen Stellen erwähnt.

Dieses Skriptum ersetzt weder ein Lehrbuch noch eine *gute* Vorlesung! Es ist vielmehr als Ergänzung zu diesen Lehrangeboten gedacht, die es ermöglichen soll, den dort dargereichten Stoff besser verstehen und einordnen zu können.

Zur Benutzung des Skriptums

Das Skriptum enthält jeweils drei große Blöcke:

1. Stoffvermittlung
2. Fallbearbeitung
3. Wiederholung / Lernkontrolle

Die **Stoffvermittlung** erfolgt durch eine straffe Darstellung der wesentlichen Grundzüge des zu behandelnden Stoffes.

Die **Fallbearbeitung** zeigt die Anwendung dieses Stoffes auf einen einfachen konkreten Fall.

Die **Lernkontrolle / Wiederholung** erfolgt anhand von Fragen, die den vorangegangenen Stoff betreffen. Die stichwortartigen Antworten sind dabei zunächst abzudecken, um so eine ernsthafte Selbstkontrolle zu ermöglichen.

Zu Beginn sollte der Leser den jeweiligen Stoff gründlich erarbeiten, d.h. der Stoffteil muss gelesen, verstanden und gelernt werden! Sodann ist der Bearbeitungsfall selbständig zu lösen und anschließend mit der Musterlösung zu vergleichen. Am Ende des Kapitels sollen die Wiederholungsfragen unbedingt beantwortet werden.

Hat man auf diese Weise Kapitel für Kapitel durchgearbeitet, empfiehlt es sich, in einem zweiten Durchgang zunächst noch einmal die Fälle selbständig zu lösen. Auch die Wiederholungsfragen sollte man nochmals beantworten (aufschreiben, welche Fragen nicht gewusst wurden und im Stoffteil des Skriptums nacharbeiten!). Soweit Literaturangaben vorhanden sind, sollte der Leser diese vertiefende Literatur nunmehr durcharbeiten. Konnten die Wiederholungsfragen nicht beantwortet werden, sollten diese zum Schluss nochmals bearbeitet werden. Auf diese Weise ist ein optimaler Lerneffekt gewährleistet.

Die Arbeit der Studierenden

Die allgemeinen Punkte sind insoweit im Band 1, BGB AT, behandelt worden. Methodik der Fallbearbeitung, insbesondere Gutachtentechnik und Bearbeitung von Streitständen sind auch im Sachenrecht in gleicher Weise zu beachten. Zur Systematik des BGB und der Stellung des Sachenrechts vgl. das Skriptum BGB AT.

Das Sachenrecht behandelt insgesamt eine sehr komplizierte Materie, wobei der Stoff in mehreren Bereichen äußerst klausurrelevant ist. Im vorliegenden Skript wird lediglich das **Recht der beweglichen Sachen** behandelt. Das Skriptum versucht, dem Neuling in diesem Rechtsgebiet einen Überblick über den Stoff hinreichend straff und "ballastfrei" zu vermitteln. Den Studierenden soll Schritt für Schritt Zugang zu den Fragen der einzelnen sachenrechtlichen Problembereiche ermöglicht und gleichzeitig der Weg zu eigener sinnvoller Fallerfassung und -bearbeitung gezeigt werden. Besonderer Wert wurde auf gedanklich saubere Lösung der Fälle gelegt, also vor allem, wie man in den Fall "einsteigt" und wie man ihn schrittweise zur Lösung führt.

Aus der Gesamtmaterie des Rechts der beweglichen Sachen, das Gegenstand dieses Skriptums ist, kann naturgemäß nur ein kleiner Ausschnitt an dieser Stelle behandelt werden. Das Skript verfolgt das Ansinnen, dem Einsteiger in das Sachenrecht einen ersten groben Überblick über die wichtigsten Teilgebiete des Rechts der beweglichen Sachen zu vermitteln. Schwerpunktmäßig werden daher die Grundzüge des Besitzes in §§ 854 ff, der Eigentumsübertragung nach §§ 929 ff und der Ansprüche aus dem Eigentum aus §§ 985 ff behandelt. Der Zielsetzung des Skriptums entsprechend können nur die wesentlichen Grundfälle besprochen werden, viele umstrittene Einzelfälle bleiben bewusst unberücksichtigt, um den "roten Faden" zu erhalten. Es wurde daher insbesondere bewusst auf eine tiefer gehende Bearbeitung des Eigentümer-Besitzer-Verhältnisses nach §§ 987 ff, des Anwartschaftsrechtes, der Sicherungsübereignung und des Eigentumsvorbehaltsrechtes nebst der zugehörigen Streitstände und Probleme verzichtet.

Die Studierenden müssen sich mit dieser Materie unbedingt zu einem späteren Zeitpunkt mittels eines Lehrbuches etc. beschäftigen.

Die Fälle sind dieser Zielsetzung, einen grundsätzlichen Überblick zu verschaffen, angepasst und daher auf die Behandlung elementarer Grundfälle beschränkt. Die Studierenden sollen in die Lage versetzt werden, einfache Grundfälle in den angesprochenen Bereichen des Rechts der beweglichen Sachen lösen zu können. Auf diesem Grundgerüst aufbauend sollte es ihnen dann auch möglich sein, die tiefer gehende Problematik richtig einzuordnen und an der entsprechenden Stelle an der Falllösung sinnvoll zu entwickeln.

1. Kapitel
Allgemeines zum Sachenrecht

Das Sachenrecht ist in §§ 854-1296 geregelt. Es lässt sich systematisch in zwei große Bereiche untergliedern: das **Recht der beweglichen Sachen** und das **Grundstücksrecht**. Im vorliegenden 6. Band der Juristischen Grundkurse, Sachenrecht 1, wird lediglich das Recht der beweglichen Sachen behandelt. Das Grundstücksrecht finden Sie in Band 29.

Das Sachenrecht regelt die rechtliche Zuordnung von Sachen zu Personen und die daraus folgenden Rechtsbeziehungen.

Die **Anspruchsgrundlagen im Sachenrecht** lassen sich in dingliche Ansprüche und Ansprüche aus gesetzlichen Schuldverhältnissen unterteilen.

Die **dinglichen Ansprüche** begründen **kein Schuldverhältnis**, sondern verwirklichen ein dingliches Recht, z.B. Herausgabeansprüche nach §§ 861, 985, 1007 oder Beseitigungs-/Unterlassungsansprüche nach §§ 862, 1004.

Ansprüche aus gesetzlichen Schuldverhältnissen begründen demgegenüber Rechtsansprüche bei Eingriffen in dingliche Rechte, z.B. §§ 987 ff.

Während sich Ansprüche aus gesetzl. Schuldverhältnissen auch im Schuldrecht, z.B. in §§ 823 ff, 812 ff, finden, gibt es dingliche Ansprüche nur im Sachenrecht.

Das Sachenrecht wird von folgenden **grundsätzlichen Prinzipien** beherrscht:

> **Absolutheitsprinzip**
>
> **Grundsatz des Typenzwangs**
>
> **Abstraktionsprinzip**
>
> **Publizitätsgrundsatz**
>
> **Bestimmtheitsgrundsatz**

1. Nach dem **Absolutheitsprinzip** wirken Sachenrechte absolut, also gegenüber jedermann. Das Schuldrecht des 2. Buches beinhaltet dagegen relative Rechte, die nur zwischen den durch das Schuldverhältnis verknüpften Parteien Rechtswirkungen entfalten.

2. Der **Grundsatz des Typenzwangs**, auch numerus clausus der Sachenrechte genannt, besagt, dass nur die im Gesetz aufgeführten Sachenrechte in den dort dargelegten gesetzlichen Formen begründet, aufgehoben und übertragen werden können. Die Gestaltungsfreiheit ist damit insoweit ausgeschlossen.

3. Das **Abstraktionsprinzip** beschreibt die rechtliche Trennung von schuldrechtlichem Verpflichtungs- und dinglichem Erfüllungsgeschäft. Vgl. dazu schon Band 1, BGB AT.

4. Der **Publizitätsgrundsatz** behandelt die Erkennbarkeit dinglicher Rechte. Die danach erforderliche Offenkundigkeit einer dinglichen Rechtslage wird bei beweglichen Sachen durch den Besitz an der Sache, bei Grundstücken durch die Eintragung im Grundbuch verwirklicht.

5. Schließlich besagt der **Bestimmtheitsgrundsatz**, dass dingliche Rechte nur an bestimmten Einzelsachen, nicht an Sachgesamtheiten begründet werden können.

Die Systematik des BGB führt dazu, dass insbesondere die Vorschriften des Schuldrechts Allgemeiner Teil prinzipiell im Sachenrecht nicht anwendbar sind. Sie finden nur im Schuldrecht Anwendung und sind nur ausnahmsweise analog im Sachenrecht zu verwenden, soweit dort ein Regelungsbedürfnis besteht und entsprechende Vorschriften fehlen. Demgegenüber sind die Vorschriften des Allgemeinen Teils im Sachenrecht stets gültig, soweit sich dort keine Sonderregelungen finden.

Lesehinweise:

- Zur Methodik der Fallbearbeitung lesen Sie JURISTISCHE GRUNDKURSE Band 1, BGB-AT, Kapitel 2 "Methodik und Technik der Fallbearbeitung"..

- Die Gestaltung von Hausarbeiten nebst Musterhausarbeiten wird in Band 13, "Die erste Hausarbeit im Zivilrecht" behandelt.

- Fälle und Klausuren zum Sachenrecht: Rauda/Zenthöfer, 25 Fälle zum Sachenrecht

- Zum Meinungsstand wichtiger Streitfragen: Diehn, Juristische Streitstände Sachenrecht.

2. Kapitel
Der Besitz

Allgemeines zum Besitz

Der Besitz ist in §§ 854 ff geregelt. Er bezeichnet die

tatsächliche Herrschaft einer Person über eine Sache

Da der **Besitz tatsächlicher Natur** ist, sind die

Vorschriften über Rechtsgeschäfte auf den Erwerb und den Verlust des Besitzes nicht anwendbar!

Insbesondere bedarf es zum Besitzerwerb und Besitzverlust grundsätzlich **keiner Geschäftsfähigkeit.**

Ob **tatsächliche Sachherrschaft** im Einzelfall besteht, ist nach der Verkehrsanschauung unter objektiven Aspekten zu entscheiden. Damit eine solche Sachherrschaft vermutet werden kann, ist grundsätzlich eine erkennbare enge Beziehung einer Sache zu einer Person notwendig und die Sachherrschaft muss für eine gewisse Dauer angelegt sein.

Angesichts des sehr weit reichenden Besitzschutzes, vgl. §§ 858 ff, ist man überwiegend der Auffassung, der Besitz stehe einem subjektiven Recht gleich und werde daher z.B. von **§ 823 Abs.1 als sonstiges Recht** erfasst.

Näheres dazu im Skript Schuldrecht BT/1.

Der Besitz erfüllt im Rahmen des Gesetzes mehrere Funktionen:
- **die Publizitätsfunktion,**
- **die Erhaltungsfunktion**
- **die Schutzfunktion.**

Die **Publizitätsfunktion** beschreibt die Bedeutung des Besitzes im Rahmen rechtsgeschäftlicher Übertragungstatbestände, an die sich Vermutungen anknüpfen und bei denen er die Grundlage für einen gutgläubigen Erwerb (dazu noch näher unten) bildet.

Die **Erhaltungsfunktion** des Besitzes zeigt sich in verschiedenen Normen, z.B. § 935, wo er einen gutgläubigen Erwerb bei unfreiwilligem Besitzverlust verhindert.

Die **Schutzfunktion** des Besitzes zeigt sich im umfangreichen Schutz der tatsächlichen Sachherrschaft durch die §§ 858 ff.

5

Die Arten des Besitzes

Es gibt mehrere **Arten des Besitzes**:

Der unmittelbare Besitz

Unmittelbarer Besitzer ist nach § 854, wer die

> **tatsächliche Sachherrschaft**
> **- selbst ausübt oder**
> **- gem. § 855 durch einen Besitzdiener ausübt.**

Der **Erwerb des unmittelbaren Besitzes** geschieht nach § 854 Abs.1 grundsätzlich durch **Erlangen der tatsächlichen Gewalt** über die Sache. Für die tatsächliche Sachherrschaft bedarf es einer räumlichen Beziehung, durch die es dem Besitzwilligen möglich ist, auf die Sache tatsächlich einzuwirken. Eine nur räumliche Trennung steht einer solchen tatsächlichen Einwirkungsmöglichkeit nicht entgegen, solange der Besitzer die Möglichkeit hat, jederzeit auf die Sache einzuwirken.

> ***Bsp.:*** *Parken eines Kraftfahrzeuges auf der Straße; Zurücklassen seiner Wohnungseinrichtung während einer Reise usw. - Hier bleibt man trotz einer räumlichen Trennung Inhaber der tatsächlichen Sachherrschaft, es sei denn, ein anderer schafft eine engere Beziehung, z.B. ein Dieb, der das Auto stiehlt.*

Die Beziehung des Besitzwilligen zur Sache muss eine **gewisse Dauer** umfassen. Nach überwiegender Auffassung reichen nur kurzfristige Sachbeziehungen nicht aus.

> ***Bsp.:*** *Der Gast in der Kneipe ist nicht Besitzer des Bierglases und des Stuhls.*

6

Man unterscheidet **derivativen** und **originären Erwerb** des unmittelbaren Besitzes. Der erste liegt vor, wenn der Besitz durch Übergabe von einer anderen Person einverständlich erworben wird. Um originären Besitzerwerb handelt es sich dagegen bei einseitiger Besitzergreifung, z.B. durch Fund oder Diebstahl.

Die Besitzübertragung muss von einem entsprechenden Willen getragen sein.

Beachten Sie: **Wegen des tatsächlichen Charakters des Besitzes ist der übereinstimmende Wille bei der Übergabe nicht rechtsgeschäftlicher sondern tatsächlicher Natur, Geschäftsfähigkeit ist daher *nicht erforderlich*!**

Auch die **Besitzergreifung** muss von einem **Besitzbegründungswillen** getragen sein. Auch dieser Wille ist nicht rechtsgeschäftlicher, sondern sog. natürlicher Art, d.h. die betreffende Person muss lediglich die Bedeutung der Besitzergreifung und der daraus folgenden Herrschaftsbeziehung erkannt haben. Dabei soll nach überwiegender Ansicht auch ein genereller Herrschaftswille ausreichen.

Bsp.: Anbringen eines Briefkastens für die ordnungsgemäß dort einzuwerfende Post.

Ein solch genereller Besitzbegründungswille genügt jedoch nur dann, wenn er nach außen hinreichend erkennbar zum Ausdruck kommt.

Ausnahmsweise kann nach § 854 Abs.2 der unmittelbare Besitz auch auf rechtsgeschäftliche Art erworben werden. Es gelten dann die Regeln über Willenserklärungen! Erforderlich ist in diesen Fällen neben einer Einigung vor allem, dass der Übertragende Besitzer ist und diesen Besitz vollständig aufgibt. Darüber hinaus muss der Erwerber nach Abs.2 in der Lage sein, die tatsächliche Sachherrschaft über die Sache auszuüben. Auch hier entscheidet die Verkehrsanschauung.

Bsp.: Der Besitz am Holzstoß im Wald, bei dem Veräußerer und Erwerber wissen, um welchen Stoß es sich handelt und wo er liegt, kann nach § 854 Abs.2 durch bloße Einigung beider Parteien z.B. im Büro übertragen werden.

Zum Besitz bei juristischen Personen siehe noch unten.

Wichtige Folge aus dem tatsächlichen Charakter des Besitzes:

Vorschriften über Willenserklärungen und Rechtsgeschäfte sind nicht anwendbar!

So können insbesondere die Regeln der §§ 164 ff (Stellvertretung), 104 ff (Geschäftsfähigkeit) oder §§ 119 ff (Anfechtung) nicht im Rahmen des Besitzes angewendet werden!

Der Besitzerwerb durch Besitzdiener nach § 855

Im Falle des § 855 kann der Besitz auch erlangt werden, ohne dass der Besitzer die tatsächliche Sachherrschaft erhält. Voraussetzung ist, dass derjenige, der die tatsächliche Sachherrschaft anstelle des neuen Besitzers erlangt, dessen Besitzdiener im Sinne des § 855 ist.

Besitzdiener ist, wer

1. **in einem sozialen Abhängigkeitsverhältnis steht**
2. **die tatsächliche Gewalt im Rahmen dieses Abhängigkeitsverhältnisses ausübt,**
3. **das Abhängigkeitsverhältnis von außen erkennbar ist.**

Das **Abhängigkeitsverhältnis** muss zwischen dem Besitzdiener und dem Besitzherrn bestehen. Dabei kommt es vor allem auf die **Weisungsbefugnis** des Besitzherrn an. Eine wirtschaftliche Abhängigkeit des Besitzdieners ist nicht erforderlich. Ebenso bedarf es keiner Wirksamkeit des Rechtsverhältnisses, das das Abhängigkeitsverhältnis begründet.

Bsp.: Besitzdiener sind alle in abhängiger Arbeit stehenden Personen, z.B. Arbeiter, Angestellte und Beamte. Dementsprechend kein Besitzdiener ist der Ehepartner oder in eheähnlicher Gemeinschaft lebende Partner.

Ob der Besitzdiener die tatsächliche **Herrschaft im Rahmen des Abhängigkeitsverhältnisses** ausübt, ist objektiv zu bestimmen, sein entgegenstehender Wille ist unerheblich.

Da jedoch das **Abhängigkeitsverhältnis nach außen (objektiv) erkennbar** sein muss (str.), wird in dem Augenblick, in dem sich der innere Wille des Besitzdieners ändert und entsprechend nach außen zu Tage tritt, jene dritte Voraussetzung und damit die Stellung als Besitzdiener entfallen. Folge: der Besitzdiener wird selbst Besitzer, der bisherige Besitzer verliert seinen Besitz.

Siehe näher zur Frage, ob das Abhängigkeitsverhältnis nach außen erkennbar sein muss, sowie ob ein „Besitzdienerwille" erforderlich ist: Diehn, Jur. Streitstände Sachenrecht, Streitstand 3.

Rechtsfolgen eines bestehenden Besitzdienerverhältnisses

Der Besitzdiener ist nicht selbst Besitzer, sondern der Besitzherr übt den Besitz durch den Besitzdiener aus.

Der **Besitzherr** hat demnach

                         unmittelbaren Besitz,

der **Besitzdiener**

                         gar keinen Besitz!

Zum Besitzerwerb des Besitzherrn bedarf es keiner Vertretung nach §§ 164 ff, sondern nur der Herrschaftsübertragung auf den Besitzdiener im Rahmen des sozialen Abhängigkeitsverhältnisses.

Eine **Sonderform des Besitzerwerbes** enthält § 857, den sog. **Erbenbesitz**. Danach geht durch den Erbfall der Besitz des Erblassers auf den Erben über. Es handelt sich um einen fiktiven Besitz, da der Erbe weder von seinem Besitz wissen noch die Möglichkeit zur Ausübung der Sachherrschaft haben muss. Nach herrschender Auffassung ist auch eine Anwendung des § 857 auf den mittelbaren Besitz ohne weiteres möglich.

Der Verlust des unmttelbaren Besitzes

Der unmittelbare Besitz endet nach § 856 Abs.1 mit Verlust der tatsächlichen Sachherrschaft. Dies kann durch willentliche Aufgabe oder unfreiwilligen Verlust der tatsächlichen Gewalt geschehen. Auch hier ist der Besitzaufgabewille **tatsächlicher**, nicht rechtsgeschäftlicher Natur. Ausnahme zu § 856 Abs.1 ist der Sonderfall des Abs.2, wonach eine bloß vorübergehende Verhinderung nicht zum Besitzverlust führt.

Bsp.: Besitz an einer Wohnung während einer Urlaubsreise, Liegenlassen von Gegenständen, solange die Wiedererlangung möglich ist, weil der Ort des Verlustes bekannt ist.

9

Der mittelbare Besitz

Das Wesen des in §§ 868 ff geregelten mittelbaren Besitzes ist es, dass der

**mittelbare Besitzer seinen Besitz durch einen
unmittelbaren Besitzer (Besitzmittler) ausübt.**

Voraussetzungen des mittelbaren Besitzes

**1. Bestehen eines Rechtsverhältnisses i.S.d. § 868
2. Fremdbesitzerwille beim Besitzmittler
3. Durchsetzbarer Herausgabeanspruch
   des mittelbaren Besitzers gegen den Besitzmittler**

Diese Voraussetzungen werden zusammengefasst auch als Besitzmittlungsverhältnis (BMV) bezeichnet.

Es ist zunächst ein **konkretes, bestimmtes Rechtsverhältnis** (auch Besitzmittlungsverhältnis i.e.s. genannt) erforderlich, das auf Vertrag oder Gesetz beruht.

Bsp.: Miete, Leihe, Pacht.

Dieses Rechtsverhältnis braucht nicht wirksam begründet zu sein, es reicht vielmehr ein **vermeintliches Rechtsverhältnis**. Es müssen aber der Fremdbesitzerwille und ein Herausgabenspruch vorhanden sein!

Vgl. Jauernig, § 868,4; Palandt-Bassenge, § 868, 6 m.w.N.

Beachten Sie: **die anderen Voraussetzungen für mittelbaren
Besitz müssen gegeben sein.**

Schließlich muss das Besitzrecht des Besitzmittlers vom mittelbaren Besitzer abgeleitet, diesem untergeordnet und zeitlich begrenzt sein.

Der **Fremdbesitzerwille** liegt vor, wenn jemand mit dem Willen, für den mittelbaren Besitzer die tatsächliche Sachherrschaft auszuüben, den unmittelbaren Besitz innehat. Zweifelhaft ist, ob auch bei gesetzlich begründetem Rechtsverhältnis ein Fremdbesitzerwille erforderlich ist, vgl. dazu Palandt-Bassenge, § 868, 7.

Der **durchsetzbare Herausgabeanspruch** ergibt sich regelmäßig aus dem Rechtsverhältnis i.S.d. § 868, wenn dieses wirksam zustande gekommen ist.

Bsp.: Herausgabeanspruch aus § 604 bei der Leihe, § 556 beim Mietvertrag.

Auch bedingte oder betagte sowie vernichtbare (durch Rücktritt oder Kündigung) Ansprüche sind durchsetzbar. Nicht durchsetzbar hingegen ist ein verjährter Anspruch.

Sofern das **Rechtsverhältnis nicht wirksam zustande gekommen** ist, ergibt sich ein Herausgabeanspruch aus den allgemeinen Vorschriften, z.B. §§ 985 oder 812.

Beachten Sie: **Ein vermeintlicher Herausgabeanspruch genügt nicht!**

Neben diesem sog. **originären Erwerb** des mittelbaren Besitzes, kann nach § 870 der mittelbare Besitz auch **derivativ** erworben werden, indem ein mittelbarer Besitzer seinen mittelbaren Besitz auf einen anderen überträgt.

Die Übertragung des mittelbaren Besitzes

Die Übertragung des mittelbaren Besitzes geschieht durch

Abtretung des Herausgabeanspruchs

Dies setzt gemäß § 870 eine **wirksame Einigung nach § 398** zwischen altem und neuem mittelbaren Besitzer voraus.

Nach § 871 gibt es auch sog. **mehrstufigen mittelbaren Besitz.** Dort mittelt dann ein unmittelbarer Besitzer mehreren Personen, die in einem Stufenverhältnis stehen, den mittelbaren Besitz. Dies kann einmal dadurch geschehen, dass der bisherige unmittelbare Besitzer durch Vereinbarung eines BMV und Übertragung des unmittelbaren Besitzes auf den Dritten seinerseits mittelbarer Besitzer wird.

> *Bsp.: U (unmittelbarer Besitzer) hat von M (mittelbarer Besitzer) eine Sache geliehen. Nunmehr verleiht U die Sache weiter an D. - Durch Begründung eines Besitzmittlungsverhältnisses (Leihe) wird D Besitzmittler (unmittelbarer Besitzer) während U mittelbarer Besitzer 1. Stufe und U mittelbarer Besitzer 2. Stufe ist.*

Auch möglich ist, dass der bisherige mittelbare Besitzer mit einem Dritten ein BMV abschließt, so dass dieser Dritte ebenfalls mittelbarer Besitzer wird.

> *Bsp.: E (mittelbarer Besitzer) hat eine Sache an M (unmittelbarer Besitzer) vermietet. E übereignet diese Sache zur Sicherheit nach § 930 an den Dritten D. Nunmehr ist kraft des Sicherungsvertrages (dazu näher unten) D mittelbarer Besitzer 2. Stufe, E mittelbarer Besitzer 1. Stufe und M nach wie vor unmittelbarer Besitzer.*

Der mittelbare Besitz **endet** durch Wegfall einer seiner Voraussetzungen, insbesondere, wenn der unmittelbare Besitzer erkennbar seinen Fremdbesitzerwillen aufgibt.

> *Bsp.: A hat eine Sache an B verliehen. B veräußert diese Sache an X. - Durch die Veräußerung an X bringt B zum Ausdruck, dass er nicht mehr für A besitzen will. Sein Fremdbesitzerwille und damit der mittelbare Besitz des A sind entfallen.*

11

Weitere Besitzformen

Der **Teilbesitz** als Ausnahme vom alleinigen (Vollbesitz) ist in § 865 geregelt. Hier hat ein Besitzer nur an einem Teil einer Sache den Besitz inne.

Zu unterscheiden davon ist der **Mitbesitz** im Sinne des § 866. Danach ist Mitbesitzer, wer mit mindestens einem anderen gemeinsam den Besitz an einer Sache ausübt.

> *Bsp.: der Mieter einer Wohnung in einem Mehrfamilienhaus ist Teilbesitzer dieses Hauses. Dagegen sind Mitbesitzer z.b. Eheleute, die gemeinsam eine Wohnung gemietet haben.*

Beim Mitbesitz unterscheidet man **schlichten** und **qualifizierten Mitbesitz**. Schlicht ist der Mitbesitz, wenn jeder allein den Besitz ausüben kann, qualifizierter Mitbesitz liegt vor, wenn nur alle gemeinschaftlich den Besitz ausüben können.

> *Bsp.: Der Kellerflur in einem Mehrfamilienhaus kann von allen Mietern gemeinsam genutzt werden, daher liegt schlichter Mitbesitz vor. Ein Schließfach, das zum Öffnen zweier Schlüssel bedarf, die sich in den Händen verschiedener Personen befinden, steht dagegen in qualifiziertem Mitbesitz der beiden.*

Eigenbesitzer ist nach § 872, wer eine Sache als ihm gehörend besitzt. Der Gegensatz ist **Fremdbesitz**, vgl. oben, bei dem jemand für einen anderen die tatsächliche Sachherrschaft ausübt.

Zum fehlerhaften Besitz siehe unten bei den Besitzschutzansprüchen und zum berechtigten Besitz bei der Behandlung des § 986 im Rahmen des Eigentums.

Problematisch und umstritten ist die **Besitzlage bei juristischen Personen und Gesamthandsgemeinschaften.**

Nach überwiegender Ansicht üben die Organe der juristischen Person die Sachherrschaft unmittelbar für die juristische Person aus. Damit ist allein die juristische Person Besitzerin, die Organe haben hingegen keinen Besitz und sind auch nicht Besitzdiener.

Bei den Gesamthandsgemeinschaften ist die Lage umstritten. Z.T. meint man, dass bei der BGB-Gesellschaft (GbR) unmittelbare Besitzer die Gesellschafter seien, überwiegend ist man dagegen auch bei der GbR - wie bei OHG und KG – der Ansicht, die Gesellschaft selbst übe den unmittelbaren Besitz aus. Es solle dort ebenso wie bei juristischen Personen die Theorie vom sog. Organbesitz gelten.

Zum Meinungsstand: Diehn, Juristische Streitstände Sachenrecht, Streitstand 1

Der Besitzschutz

Der Besitzschutz ist in §§ 858 ff und § 1007 geregelt. Die §§ 858 ff enthalten den sog. **possessorischen Besitzschutz**, während § 1007 den **petitorischen Besitzschutz** beinhaltet.

Der possessorische Besitzschutz nach § 858 ff

Possessorischer Besitzschutz bedeutet, dass es für einen Besitzschutzanspruch nicht darauf ankommt, ob der Anspruchsinhaber oder Anspruchsgegner zum Besitz berechtigt ist. Vielmehr knüpfen alle Normen des Besitzschutzes nach §§ 858 ff an die in § 858 Abs.1 definierte verbotene Eigenmacht an.

Voraussetzung der verbotenen Eigenmacht

Entzug oder Störung des ummittelbaren Besitzes ohne den Willen des bisherigen Besitzers

Nur eine gesetzliche Gestattung derartiger Beeinträchtigungen steht dem Vorliegen verbotener Eigenmacht entgegen. Das Gesetz knüpft somit an eine objektive Widerrechtlichkeit der Besitzbeeinträchtigung an.

Nach § 858 Abs.2 ist der durch verbotene Eigenmacht erlangte unmittelbare Besitz fehlerhaft.

Beachten Sie: Die Rechtsfehlerhaftigkeit beschreibt lediglich das Verhältnis zwischen Besitzer und Besitzstörer. Folge: Gegenüber einem unbeteiligten Dritten besitzt der Störer nicht fehlerhaft.

Bsp.: D hat Besitzer B eine Sache gestohlen. - Zwar besitzt D im Verhältnis zu B fehlerhaft nach § 858 Abs.2, nicht jedoch gegenüber irgendeiner anderen Person.

Die Fehlerhaftigkeit wirkt nur zugunsten des beeinträchtigten Besitzers, nicht zugunsten Dritter, daher genießt z.B. ein Dieb Besitzschutz gegen Beeinträchtigungen Dritter!

Nach Abs.2 S.2 wirkt diese Fehlerhaftigkeit gegen den Nachfolger im unmittelbaren Besitz fort, wenn dieser als Erbe oder in Kenntnis der Fehlerhaftigkeit des Vorgängers den unmittelbaren Besitz erlangt hat.

Bsp.: D hat Besitzer B eine Sache gestohlen und sie an C veräußert. - Zwar besitzt D im Verhältnis zu B fehlerhaft nach § 858 Abs.2, nicht jedoch der C, es sei denn, er hätte von der Fehlerhaftigkeit des Besitzes des D gewusst oder wäre als Erbe des D in den Besitz gelangt.

Folgen der verbotenen Eigenmacht sind:

- Selbsthilferechte nach §§ 859, 860 oder
- Besitzschutzansprüche nach §§ 861 ff.

Die **Selbsthilferechte**, die man auch als Gewaltrechte bezeichnen kann, enthalten in § 859 Abs.1 die sog. **Besitzwehr**, und in § 859 Abs.2 und Abs.3 die sog. **Besitzkehr**.

Voraussetzung für die Besitzwehr ist, dass der Angriff auf den Besitz noch andauert. Die Maßnahmen zur Besitzerhaltung sind auf das zur Erhaltung Notwendige beschränkt, so dass die Überschreitung der erforderlichen Maßnahmen zur Rechtswidrigkeit führt und daher für den anderen Teil Notwehr zulässig wird.

Die Besitzkehr ist auf Wiedererlangung des Besitzes gerichtet. Sie ist nur in zeitlich engen Grenzen möglich und ebenfalls auf das zum Zurückerlangen des Besitzes Notwendige beschränkt.

Die Rechte des § 859 stehen nach § 860 auch **Besitzdienern** zu.

Ob dagegen auch der **mittelbare Besitzer** die Selbsthilferechte des § 859 ausüben kann, wenn gegen den für ihn besitzenden Besitzmittler verbotene Eigenmacht verübt wird, ist umstritten, wird aber überwiegend bejaht.

Vgl. näher dazu: Diehn, Jur. Streitstände Sachenrecht, Streitstand 7

Die **Besitzschutzansprüche nach §§ 861 ff** sind **keine Selbsthilferechte**. Diese Vorschriften beinhalten vielmehr Anspruchsgrundlagen und sind daher vor Gericht durchzusetzen.

Man unterscheidet den Herausgabeanspruch nach § 861, den Beseitigungs- und Unterlassungsanspruch aus § 862 und den Abholungsanspruch nach § 867. Diese Ansprüche stehen sowohl dem **unmittelbaren Besitzer** wie nach Maßgabe des § 869 auch dem **mittelbaren Besitzer** zu. Dagegen kann der **Besitzdiener** mangels einer dem § 860 entsprechenden Vorschrift diese Ansprüche nicht geltend machen.

Voraussetzungen des Herausgabeanspruchs aus § 861

1. Entzug des unmittelbaren Besitzes durch verbotene Eigenmacht
2. fehlerhafter Besitz des Anspruchgegners
3. kein Ausschluss nach § 861 Abs.2 oder § 864.

Rechtsfolge: **Herausgabe des unmittelbaren Besitzes**

Voraussetzungen des Beseitigungs-/Unterlassungsanspruchs nach § 862

1. Störung des unmittelbaren Besitzes durch verbotene Eigenmacht
2. der Anspruchsgegner ist Störer
3. kein Ausschluss nach § 862 Abs.2 oder § 864.

Rechtsfolge: Beseitigung der Störung im Besitz

Störer ist derjenige, mit dessen Willen die Beeinträchtigung entstand, besteht, bzw. von dessen Willen die Beseitigung abhängt.

Aus § 863 ergibt sich, dass den possessorischen Besitzansprüchen der §§ 861, 862 nicht ein Recht zum Besitz entgegengehalten werden kann!

Der petitorische Besitzschutz nach § 1007

§ 1007 gewährt einen sog. petitorischen Besitzschutz, da hier auf das bessere Recht zum Besitz abgestellt wird. Daher kann der in Anspruch genommene Besitzer vor allem einwenden, dass er ein Recht zum Besitz habe.

§ 1007 ist nur auf Besitz an beweglichen Sachen anwendbar!

Voraussetzungen des Anspruchs aus § 1007 Abs.1

1. Anspruchsinhaber war ursprünglich Besitzer der Sache
2. Anspruchsgegner ist derzeitiger Besitzer der Sache
3. Anspruchsgegner war beim Besitzerwerb nicht in gutem Glauben
4. kein Ausschluss nach § 1007 Abs.3

Rechtsfolge des § 1007 Abs.1: Herausgabe des Besitzes

Voraussetzungen des Anspruchs aus § 1007 Abs.2

1. Anspruchsinhaber war früherer Besitzer
2. Anspruchsgegner ist derzeitiger Besitzer
3. die Sache ist dem früheren Besitzer abhanden gekommen
4. derzeitiger Besitzer ist weder Eigentümer der Sache noch ist ihm die Sache vor der Besitzzeit des früheren Besitzers abhanden gekommen
5. kein Ausschluss des Anspruchs nach § 1007 Abs.3

Rechtsfolge des § 1007 Abs.2: **Herausgabe des Besitzes**

Die Stellung als **Anspruchsinhaber** ist an **keine bestimmte Besitzform** geknüpft, es genügen neben unmittelbarem früherem Besitz auch mittelbarer Besitz (vgl. § 869 S.2, 2. Halbsatz) und Mitbesitz (vgl. § 1011).

Für den **Anspruchsgegner** ist ebenfalls **jede Form des Besitzes** ausreichend.

§ 1007 Abs.3 enthält **drei verschiedene Ausschlussgründe:**

1. **Bösgläubigkeit des Anspruchsinhabers bei eigenem Besitzerwerb**
2. **Aufgabe des Besitzes durch den Anspruchsinhaber**
3. **besseres Besitzrecht des Anspruchsgegners nach § 986.**

Im Übrigen ist der Besitzschutz auch über die allgemeinen Vorschriften, z.B. § 823 Abs.1; § 823 Abs.2 i.V.m. einem Schutzgesetz; § 812 (sog. Besitzkondiktion) möglich.

Vgl. dazu: Diehn, Jur. Streitstände Sachenrecht, Streitstand 6

Fall 1:
K hat mit V einen Kaufvertrag über die Lieferung eines Computers geschlossen. Als V auch auf Mahnung des K nicht liefert, geht K in den Laden des V und sucht aus den dort stehenden Geräten eines des von ihm bestellten Typs heraus, nimmt es aus dem Regal und verlässt das Geschäft. V sucht einige Tage später seinen Anwalt R auf und fragt nach seinen Rechten. Ansprüche und Rechte des V aus Besitzschutz?

Lösungsvorschlag

V könnte nach § 859 Abs.2 ein Selbsthilferecht gegenüber K haben.

Ein Selbsthilferecht nach § 859 Abs.2 setzt zunächst voraus, dass gegen den Besitzer einer beweglichen Sache verbotene Eigenmacht verübt wurde. Bei dem Computer handelt es sich um einen körperlichen Gegenstand im Sinne des § 90, also um eine Sache, die auch beweglich ist. Verbotene Eigenmacht ist in § 858 Abs.1 geregelt. Danach setzt diese eine Besitzentziehung ohne den Willen des Berechtigten voraus. Durch die Mitnahme des Computers hat K die tatsächliche Sachherrschaft über die Sache erlangt, also deren Besitz erhalten. Gleichzeitig hat V die tatsächliche Sachherrschaft verloren, so dass eine Besitzentziehung vorliegt.

Da V offenbar diesem Besitzwechsel nicht zugestimmt hat, erfolgte der Besitzentzug auch ohne Willen des V. Dem Sachverhalt lässt sich auch keine Gestattung des Besitzentzuges aus anderen Gründen entnehmen. Folglich liegen die Voraussetzungen der verbotenen Eigenmacht nach § 858 Abs.1 vor.

Weiter setzt ein Selbsthilferecht jedoch voraus, dass der Täter auf frischer Tat betroffen oder verfolgt wurde. Dazu ist ein unmittelbarer zeitlicher Zusammenhang zwischen Selbsthilfehandlung und verbotener Eigenmacht notwendig. Da hier nach dem Sachverhalt mehrere Tage verstrichen sind, als V den Anwalt R aufsucht, fehlt es an einem engen zeitlichen Zusammenhang, eine frische Tat liegt daher nicht mehr vor, § 859 Abs.2 scheidet somit aus.

V könnte gegen K jedoch einen Anspruch auf Herausgabe aus § 861 haben.

Dann müsste dem V der Besitz durch verbotene Eigenmacht entzogen worden sein. Dies ist der Fall, s.o.

Weiter müsste der Anspruchsgegner, also hier K, fehlerhafter Besitzer im Sinne des § 861 sein. Der fehlerhafte Besitz ist in § 858 Abs.2 geregelt. Fehlerhaft ist der Besitz danach dann, wenn er durch verbotene Eigenmacht erlangt wurde. Da K, wie oben geprüft, sich den Besitz durch verbotene Eigenmacht verschaffte, liegt fehlerhafter Besitz vor.

Folglich hat V gegen K Anspruch auf Herausgabe nach § 861.

V könnte gegen K einen Anspruch aus § 1007 Abs.1 i.V.m. Abs.2 auf Herausgabe des Comuters haben.

Dann müsste V als Anspruchsteller zunächst ehemaliger Besitzer einer beweglichen Sache gewesen sein. Bei der Schreibmaschine handelt es sich um eine bewegliche Sache, s.o., über die V die tatsächliche Sachherrschaft ausübte. Er war also deren unmittelbarer Besitzer.

Der Anspruchsgegner müsste derzeitiger unmittelbarer Besitzer sein. Da K, wie oben festgestellt, die tatsächliche Sachherrschaft über den Computer ausübt, hat er unmittelbaren Besitz an dem Gerät.

Schließlich müsste K bösgläubig beim Besitzerwerb gewesen sein. Erforderlich ist Bösgläubigkeit im Hinblick auf die eigene Besitzberechtigung. Ob dies hier der Fall ist, hängt von den Vorstellungen des K ab. Welche Vorstellungen der K in diesem Falle aufwies, lässt sich dem Sachverhalt nicht unmittelbar entnehmen. Diese Frage kann jedoch dahinstehen, wenn ein Fall des Abs.2 S.1 vorliegt. Danach kann nämlich auch von einem gutgläubigen Besitzer die Herausgabe der entzogenen Sache verlangt werden. Erforderlich ist dazu, dass die Sache dem früheren Besitzer, also V, abhanden gekommen ist. Das wäre der Fall, wenn ihm der Besitz ohne Willen verloren gegangen wäre. Da V den Besitz durch verbotene Eigenmacht des K verlor, liegt ein Besitzverlust ohne Willen, also ein Abhandenkommen vor.

Die Ausschlussgründe des Abs.2 S.1 - Eigentum des Anspruchsgegners oder vorheriges Abhandenkommen bei ihm - liegen nicht vor.

Folglich sind die Voraussetzungen des § 1007 Abs.2 S.1 gegeben, also kommt es auf die Bösgläubigkeit des K in diesem Fall nicht an.

V hat somit einen Anspruch auf Herausgabe des Computers gegen K aus § 1007 Abs.1 i.V.m. Abs.2.

§§§§§§§§§§§§§§§§§§§§§§§§§§§§§

Übersicht
über die Formen des Besitzes
in den wichtigsten Vorschriften des Sachenrechts

Besitz im Sinne des	unmittelbarer Besitz	mittelbarer Besitz
§ 985	X	X
§ 929 S.1 (Übergabe)	X	
§ 929 S.2	X	X
§ 933 (Übergabe)	X	
§ 935	X	
§ 854 Abs.1, 856	X	
§ 857	X	X
§ 858 Abs.1 (Besitzentzug)	X	
§ 858 Abs.2 (fehlerhafter)	X	
§ 861	X	
§ 1006 Abs.1 und 2	X	X
§ 1007	X	X

1. Wo ist der Besitz geregelt?

   In §§ 854 ff

2. Wer ist der Besitzer?

   Wer die tatsächliche Herrschaft über eine Sache ausübt

3. Wann liegt diese Sachherrschaft vor?

   Bei Beziehung einer Person zu einer Sache für eine gewisse Dauer

4. Welchen Einfluss hat Geschäftsfähigkeit auf den Besitz?

   keinen, da tatsächliches Rechtsverhältnis, Ausnahme: § 854 Abs.2

5. Was ist für die Besitzergreifung subjektiv notwendig?

   ein Besitzbegründungswille

6. Was für eine Art Wille ist dies?

   ein natürlicher, kein rechtsgeschäftlicher

7. Was genügt als Besitzbegründungswille auch?

   ein genereller Herrschaftswille

8. Ist ein Besitzdiener Besitzer i.S.d. § 854?

   nein, er besitzt für den Besitzer, ohne selbst Besitz zu haben

9. Voraussetzungen für Besitzdienerschaft i.S.d. § 855?

   soziales Abhängigkeitsverhältnis, tatsächliche Gewalt im Rahmen dieses Verhältnisses, Abhängigkeitsverhältnis äußerlich erkennbar

10. Wesen des mittelbaren Besitzes?

    unmittelbarer Besitzer übt Besitz für mittelbaren Besitzer aus

11. Voraussetzungen des mittelbaren Besitzes?

    Rechtsverhältnis, Fremdbesitzerwille, Herausgabeanspruch

12. Wie muss das Rechtsverhältnis ausgestaltet sein?

    konkretes Rechtsverhältnis erforderlich

13. Was genügt für ein BMV jedoch auch?

    ein vermeintliches Rechtsverhältnis

14. Woraus ergibt sich meist der Herausgabeanspruch?

    aus den Rechtsverhältnissen des § 868

15. Welche Qualität muss der Herausgabeanspruch haben?

    er muss durchsetzbar sein

16. Woraus kann sich auch ein Herausgabeanspruch ergeben?

    aus §§ 985, 812

17. Wie kann ein BMV zustande kommen?

    durch Begründung eines Rechtsverhältnisses oder Übertragung des mittelbaren Besitzes

18. Wie wird der mittelbare Besitz übertragen?

    durch Abtretung des Herausgabeanspruches

19. Was geschieht, wenn der unmittelbare Besitzer seinen Fremdbesitzerwillen aufgibt?

    das BMV erlischt

20. Wie unterscheidet man beim Mitbesitz?

    einfacher und qualifizierter Mitbesitz

21. Wann liegt letzterer vor?	wenn nur mehrere gemeinschaftlich den Besitz ausüben können
22. Wo ist der Besitzschutz geregelt?	§§ 858 ff und § 1007
23. Was regeln §§ 858 ff?	possessorischen Besitzschutz
24. Was bedeutet dies?	es kommt nicht auf ein Recht zum Besitz an
25. Was regelt dagegen § 1007?	petitorischen Besitzschutz
26. Was setzen §§ 858 ff voraus?	verbotene Eigenmacht, § 858 Abs.1
27. Was beschreibt die Rechtsfehlerhaftigkeit nach § 858 Abs.2?	nur Verhältnis zwischen Besitzer und Besitzstörer
28. Rechtsfolge der verbotenen Eigenmacht?	Ansprüche nach §§ 861 ff; Selbsthilferechte nach §§ 859 f
29. Rechtsfolge des § 861?	Herausgabeanspruch
30. Besitzschutz des mittelbaren Besitzers?	§§ 861 ff i.V.m. § 869
31. Voraussetzungen des § 861?	Besitzentzug durch verbotene Eigenmacht; fehlerhafter Besitz; kein § 861 Abs.2/ § 864
32. Voraussetzungen des § 1007?	Anspruchsinhaber = ehem. Besitzer, Anspruchsgegner = jetziger Besitzer, Bösgläubigkeit bei Besitzerwerb, kein Ausschluss nach § 1007 Abs.3
33. Welche dieser Voraussetzungen ändert sich bei § 1007 Abs.2?	die dritte

Zur Vertiefung und Klausurvorbereitung:

Rauda / Zenthöfer, 25 Fälle zum Sachenrecht, Fälle 1-3.

3. Kapitel
Der Eigentumsherausgabeanspruch aus § 985

Der Eigentümer wird durch die Vorschriften des Sachenrechts in vielfältiger Weise gegen Beeinträchtigungen seines Eigentumsrechts geschützt. Eine der wichtigsten Vorschriften, die einen Schutz gegen die Eigentumsbeeinträchtigung durch Entziehung der Sache gewährt, ist § 985. Diese Vorschrift zählt in der Universitätsausbildung zu den **bedeutsamsten Anspruchsgrundlagen** überhaupt und zieht sich durch das gesamte Studium von der Anfängerübung bis zum Examen hindurch.

Anspruchsvoraussetzungen des § 985

1. Herausgabegegenstand ist eine Sache
2. Anspruchsteller ist Eigentümer
3. Anspruchsgegner ist Besitzer.

Der Begriff der Sache richtet sich nach § 90, umfasst also alle körperlichen Gegenstände. Dabei ist grundsätzlich nur diejenige Sache Gegenstand der Herausgabe, die ursprünglich im Besitz des Eigentümers stand. Der Anspruch kann sich auch immer nur auf eine einzige Sache erstrecken, eine Herausgabe von Sachgesamtheiten kann nach § 985 nicht verlangt werden, der Anspruch ist vielmehr in Bezug auf jede einzelne Sache geltend zu machen!

Über § 90a S.3 ist § 985 auch auf Tiere anzuwenden. Außerdem gilt er auch für die Herausgabe von Geld, soweit bestimmte Geldscheine oder -stücke begehrt werden.

Ist an die Stelle der ursprünglichen Sache eine andere getreten (z.B. Ersatz nach Zerstörung; Geld nach Veräußerung), so erstreckt sich der Anspruch aus § 985 nicht auf diese andere Sache. Ebenso ist es nicht möglich, statt der Sache Wertersatz nach § 985 zu verlangen (sog. Wertvindikation). Derartige Ansprüche auf Schadens-/Wertersatz gewähren nur §§ 987 ff, str.

Vgl. dazu Diehn, Jur. Streitstände Sachenrecht, Streitstand 13

Der **Anspruchsteller** muss **Eigentümer** sein. In der Praxis ist das Eigentumsrecht positiv festzustellen, in der Klausur lässt sich dies freilich nicht bewerkstelligen. Daher gilt grundsätzlich, dass man das Eigentum historisch zu prüfen hat. Man fragt also, wer am Beginn des Sachverhaltes wohl Eigentümer gewesen ist. Dazu kann man die Eigentumsvermutung des § 1006 Abs.2 heranziehen. Danach wird vermutet, dass derjenige, der eine Sache früher in seinem unmittelbaren Besitz gehabt hat, deren Eigentümer gewesen ist.

Üblich ist es daher, in Klausuren wie folgt zu formulieren: *"Mangels anderer Angaben ist davon auszugehen, dass ursprünglich X, Y, etc. Eigentümer der Sache war."*

Da man in den Sachverhalten meist ohne Problem feststellen kann, wo sich die fragliche Sache zu Beginn befand, ist m.E. ein auf § 1006 Abs.2 gestützter Einstieg in die Lösung besser: *...müsste X, Y, etc Eigentümer sein. Da die Sache sich ursprünglich bei X, Y, etc befand, kann mangels anderer Angaben davon ausgegangen werden, dass X, Y, etc ursprünglich Besitzer derselben war. Somit kann gem. § 1006 Abs.2 vermutet werden, dass er zu dieser Zeit auch Eigentümer war. Fraglich ist jedoch...*

Der Anspruchsteller muss nicht unbedingt Alleineigentümer sein, auch ein Miteigentümer kann § 985 geltend machen. Allerdings reichen seine Anspruchsbefugnisse nur soweit, wie sein Miteigentum reicht, d.h., er kann gegenüber anderen Miteigentümern nur Einräumung des Mitbesitzes und gegenüber Dritten nur die Herausgabe an alle Miteigentümer verlangen. Macht er hingegen einen Anspruch auf Herausgabe an sich allein geltend, ist in der Praxis die Klage abzuweisen und in der Klausur ein entsprechender Anspruch zu verneinen.

Der **Anspruchsgegner** muss **Besitzer** sein. Dazu genügt grundsätzlich jede Besitzform.

Notwendig ist allerdings, dass der Besitzer kein Recht zum Besitz i.S.d. § 986 hat, er also sog. unberechtigter Besitzer ist. Dies wird aber erst im Rahmen des § 986 geprüft.

Im Übrigen kann er Eigen-, Fremd-, Allein-, Mitbesitzer, mittel- oder unmittelbarer Besitzer sein. Kein Besitzer i.S.d. § 985 ist hingegen der Besitzdiener.

Rechtsfolge des § 985: Herausgabe der Sache

Bei Räumen und Grundstücken bedeutet dies deren Räumung. Die Herausgabe wird in der Regel durch Übertragung des unmittelbaren Besitzes bewirkt. Der Anspruchsumfang richtet sich nach der **jeweiligen Besitzposition** des Anspruchsverpflichteten.

Bsp.: Ist der Anspruchsgegner Mitbesitzer, kann der Eigentümer auch nur Wiedereinräumung des Mitbesitzes verlangen usw. Von einem mittelbaren Besitzer kann der Eigentümer ebenfalls grds. nur die Übertragung des mittelbaren Besitzes durch Abtretung des Herausgabeanspruchs verlangen.

Str. ist, ob der Eigentümer vom mittelbaren Besitzer darüber hinaus auch die Herausgabe der Sache selbst verlangen kann.

Vgl. dazu Diehn, Jur. Streitstände Sachenrecht, Streitstand 8; Jauernig, § 985 Rn.5

Zur Vertiefung: Rauda / Zenthöfer, 25 Fälle zum Sachenrecht, Fall 4.

Die Herausgabe hat nach § 269 am Standort der Sache zu erfolgen, sofern der Besitzer gutgläubig und unverklagt ist. Der bösgläubige oder verklagte Besitzer hingegen hat die Sache am früheren Standort herauszugeben, sofern er sie nach Eintritt der Bösgläubigkeit/Klagerhebung an einen anderen Ort verbracht hat. Die Kosten der Bereitstellung trägt der Besitzer, die Kosten der Abholung der Eigentümer.

Der **Anspruch ist gem. § 986 ausgeschlossen**, wenn der **Besitzer zum Besitz berechtigt** ist. Ein Ausschluss soll sich aber auch aus § 242 ergeben können. Ferner ist umstritten, ob auch § 817 S.2 einem Anspruch aus § 985 entgegensteht.

Dazu Jauernig, § 985, 9.

Der **Anspruch erlischt** in folgenden Fällen:
- bei Erfüllung;
- wenn der Eigentümer seine Eigentümerstellung verliert;
- wenn der Besitzer seinen Besitz einbüßt.

Fraglich ist, ob der Anspruch aus § 985 selbständig **abgetreten** werden kann. Nach hM ist dies nicht möglich, Ausnahmen werden nur im Fall des § 255 zugelassen.

Vgl. dazu Diehn, Jur. Streitstände Sachenrecht, Streitstand 10.

Übertragen werden kann jedoch die **Ausübung des § 985** durch eine sog. Ausübungsermächtigung analog § 185. Dadurch erhält ein Dritter die Befugnis, den Herausgabeanspruch im eigenen Namen geltend zu machen.

Bsp.*: Eigentümer E ermächtigt seinen Mieter M, den § 985 gegen den Dritten D im eigenen ·
Namen geltend zu machen.*

Die Konkurrenz des § 985 mit anderen Herausgabeansprüchen

Häufig kommen neben § 985 andere Herausgabeansprüche in Betracht, so §§ 812; 861; 1007; 823 i.V.m. 249; 681 i.V.m. 667; sowie diverse vertragliche Herausgabeansprüche. Nach ganz überwiegender Ansicht besteht der Anspruch aus § 985 **neben vertraglichen und gesetzlichen Herausgabeansprüchen**, sofern jeweils deren Tatbestandsvoraussetzungen gegeben sind. Dies soll auch dann gelten, wenn das Vertragsverhältnis beendet ist und daher der Besitzer kein Recht zum Besitz mehr hat (str.). Grund: Sinn des § 985 ist es, dem Eigentümer in jedem Fall, ggf. auch von Dritten, die Wiedererlangung des Besitzes zu ermöglichen.

Die Anwendung der §§ 275 ff auf § 985

Da § 985 kein schuldrechtlicher, sondern ein sachenrechtlicher Anspruch ist, die §§ 275 ff jedoch nur im Schuldrecht gelten, wird überwiegend eine Anwendung dieser Vorschriften auf den Eigentumsherausgabeanspruch abgelehnt. Auch eine entsprechende Anwendung der §§ 275 ff wird im Hinblick auf die §§ 987 ff überwiegend verneint, weil die §§ 987 ff Sonderregelungen für Störungen im Verhältnis des Eigentümers zum Besitzer darstellen. So ist dort insbesondere in § 990 Abs.2 eine Regelung des Verzuges enthalten und §§ 989, 990 bilden eine Sonderregelung für den Fall der Unmöglichkeit der Herausgabe.

Zur Frage, ob eine Anwendung des § 285 auf Herausgabe des Erlangten möglich ist vgl. Diehn, Jur. Streitstände Sachenrecht, Streitstand 12

Das Recht zum Besitz nach § 986

Gem. § 986 kann der Besitzer die Herausgabe verweigern, wenn ihm ein **Recht zum Besitz** zusteht. Entgegen dem Wortlaut der Vorschrift enthält § 986 eine von Amts wegen zu berücksichtigende **Einwendung**.

§ 986 enthält mehrere verschiedene Fälle:

> **1. eigenes Recht zum Besitz, § 986 Abs.1 S.1 1.Fall**
> **2. abgeleitetes Recht zum Besitz, § 986 Abs.1 S.1, 2.Fall**
> **3. Besitzrecht gegenüber dem Rechtsnachfolger des Eigentümers, § 986 Abs.2.**

Der Sinn des § 986 liegt darin, dass der Eigentümer nur vom unberechtigten Besitzer die Herausgabe verlangen können soll, da nur dann die sog. Vindikationslage besteht.

Voraussetzungen des § 986 Abs.1 S.1, 1.Fall

> **1. der in Anspruch Genommene ist Besitzer i.S.d. § 985**
> **2. eigenes Besitzrecht des Besitzers gegenüber dem Eigentümer**

Als **Besitzrechte** kommen zunächst **dingliche Rechte** in Betracht, so z.B. aus Nießbrauch, Dienstbarkeit, Pfandrecht oder Anwartschaftsrecht.

Darüber hinaus kann ein Besitzrecht auch aus **schuldrechtlichen Beziehungen** folgen, z.B. aus Miete, Leihe, Pacht, aber auch aus Kaufvertrag. Bei schuldrechtlichen Besitzrechten ist zu beachten, dass diese schuldrechtliche Beziehung grundsätzlich nur zwischen den Parteien wirkt, also daraus regelmäßig nur eine Besitzberechtigung unmittelbar gegenüber dem Eigentümer folgen kann.

> *Bsp.*: *Eigentümer E hat an Mieter M eine Sache vermietet oder eine Sache an M verliehen. - Hier leitet der Besitzer M sein Besitzrecht unmittelbar vom Eigentümer her, es handelt sich um Fälle des § 986 Abs.1 S.1, 1.Fall.*

Voraussetzungen des § 986 Abs.1 S.1, 2.Fall

1. der in Anspruch Genommene ist Besitzer i.S.d. § 985
2. Besitzberechtigung des in Anspruch Genommenen
3. das Besitzrecht leitet er von einem mittelbaren Besitzer ab
4. mbr. Besitzer ist dem Eigentümer ggü. zum Besitz berechtigt
5. ggf. Einschränkung des Anspruchs nach § 986 Abs.1 S.2

Steht der Besitzer nicht in unmittelbarer schuldrechtlicher Beziehung zum Eigentümer, kann er dennoch zum Besitz berechtigt sein, wenn eine sog. Besitzrechtskette zwischen ihm und dem Eigentümer besteht.

Bsp.: Eigentümer E hat eine Sache an K verkauft und dieser hat sie weiter an D verkauft (jeweils ohne sie zu übereignen!) oder: E hat eine Sache an M vermietet und dieser hat sie weiter an U zulässig untervermietet. - Hier leitet der unmittelbare Besitzer (D bzw.U) sein Besitzrecht von einer Person (K bzw. M) ab, die ihrerseits eine Besitzberechtigung gegenüber dem Eigentümer E hat, sog. abgeleitetes Besitzrecht i.S.d. § 986 Abs.1 S.1, 2.Fall.

In diesen Fällen kann der unmittelbare Besitzer dem Anspruch auf Herausgabe seine Berechtigung zum Besitz entgegenhalten, den Anspruch aus § 985 also blockieren.

Entgegen dem Wortlaut des § 986 Abs.1 S.1, 2. Fall braucht zwischen dem Dritten und dem unmittelbaren Besitzer kein Besitzmittlungsverhältnis zu bestehen, entscheidend ist lediglich, ob die Besitzsituation als solche gerechtfertigt ist.

Bsp.: E verkauft ein Grundstück an X, das dieser noch vor Eintragung in das Grundbuch an K übergibt. - Aus dem formgültigen Kaufvertrag leitet sich hier ein Besitzrecht des K gegenüber E ab.

Hatte dagegen der mittelbare Besitzer den Besitz unbefugt auf den derzeitigen unmittelbaren Besitzer übertragen, so greift § 986 Abs.1 S.2 ein. Der Eigentümer kann dann zwar die Herausgabe des Besitzes vom unmittelbaren Besitzer verlangen, grund-sätzlich aber nicht die Rückgabe an sich, den Eigentümer, selbst. Der Grund liegt darin, dass § 985 nur die Besitzlage wiederherstellen soll, die rechtmäßig bestehen muss. Hat jedoch der mittelbare Besitzer seinerseits ein Recht zum Besitz gegenüber dem Eigentümer, war er lediglich nicht befugt, den Besitz auf einen Dritten zu übertragen, so ist die rechtmäßige Lage die, dass der mittelbare Besitzer wieder den unmittelbaren Besitz erhält. Folglich regelt § 986 Abs.1 S.2, dass der Eigentümer auch nur die Herausgabe an den mittelbaren Besitzer verlangen kann. Ausnahmsweise soll er Herausgabe an sich selbst verlangen können, wenn der mittelbare Besitzer den Besitz nicht mehr übernehmen kann oder will.

Bsp.: Eigentümer E hat eine Sache an M vermietet. M hat diese unberechtigt an U unterver-
mietet. - U kann sich nicht über § 986 gegen einen Herausgabeanspruch des E zur Wehr
setzen. Allerdings kann E nur die Herausgabe der Sache von U an M verlangen, nicht an sich
selbst, § 986 Abs.1 S.2.

Im Gegensatz zu § 930 (s.u.) genügt im Rahmen des § 986 ein **vermeintliches Rechts-**
verhältnis zur Begründung eines Besitzrechtes **nicht**. Zwar kann dadurch ein Besitzmittlungsverhältnis entstehen, das sich jedoch auf den Herausgabeanspruch nach § 812
gründet, und daher gerade kein Recht zum Besitz begründet.

Nach **§ 986 Abs.2** kann das Besitzrecht vom Besitzer auch gegenüber einem
Rechtsnachfolger des Eigentümers geltend gemacht werden. Anerkannt ist, dass Abs.2
auch für Veräußerungsfälle nach § 930 gilt.

Fall 2:
V hat an M eine Wohnung vermietet. Im Mietvertrag war ausdrücklich vereinbart, dass M zur
Untervermietung nicht befugt ist. Dennoch vermietet M die Wohnung an S weiter. Als V dies
erfährt, mahnt er M mehrmals schriftlich ab, M rührt sich aber nicht. Daraufhin kündigt V dem M
fristlos und verlangt von S die Rückgabe der Wohnung aus § 985. Zu Recht?

Lösungsvorschlag

V könnte gegen S Anspruch auf Herausgabe der Wohnung aus § 985 haben.

Dann müsste V zunächst Eigentümer der Wohnung sein. Da üblicherweise der Vermieter einer
Wohnung deren Eigentümer ist und widersprechende Hinweise im Sachverhalt nicht gegeben
sind, kann auch hier davon ausgegangen werden, dass V der Eigentümer der Wohnung ist.

Weiter müsste S Besitzer der Wohnung sein. Da S offenbar die Wohnung bewohnt, übt er die
tatsächliche Sachherrschaft darüber aus, ist also deren unmittelbarer Besitzer. Schließlich
müsste es sich bei der Wohnung auch um eine Sache handeln. Zwar ist die Wohnung keine
bewegliche Sache, jedoch erfasst § 985 auch unbewegliche Sachen, so auch Räume und
Grundstücke, also auch die Wohnung des V.

Die Voraussetzungen des § 985 sind damit erfüllt. Folglich hätte V einen Anspruch gegen S auf
Herausgabe, was bei einer Wohnung Räumung und Besitzüberlassung bedeutet.
Dem könnte jedoch ein Recht zum Besitz i.S.d. § 986 entgegenstehen.

Ein eigenes Recht zum Besitz nach § 986 Abs.1 S.1, 1. Fall setzt voraus, dass S ein ihm selbst
zustehendes Besitzrecht gegenüber V innehat. Da V und S jedoch keine vertragliche Beziehung
zueinander haben, kommt ein solches eigenes Besitzrecht des S nicht in Betracht.

Denkbar wäre jedoch ein abgeleitetes Besitzrecht gem. § 986 Abs.1 S.1, 2.Fall. Dann müsste der S als unmittelbarer Besitzer sein Besitzrecht von einem mittelbaren Besitzer ableiten. Dieser mittelbare Besitzer müsste seinerseits gegenüber dem Eigentümer, hier also V, zum Besitz berechtigt sein.

Also müsste M mittelbarer Besitzer sein. Der mittelbare Besitz ist in § 868 geregelt und setzt zunächst ein Rechtsverhältnis voraus. Da M die Wohnung an S vermietet, besteht zwischen beiden eine schuldrechtliche Beziehung, also ein Rechtsverhältnis i.S.d. § 868. Aus diesem Rechtsverhältnis folgt auch der für ein Besitzmittlungsverhältnis notwendige Herausgabeanspruch, hier in Form des § 546. Schließlich dürfte mangels anderer Hinweise der S auch die Wohnung für den M besitzen, also den erforderlichen Fremdbesitzerwillen aufweisen. Damit liegen die Voraussetzungen des § 868 vor, M ist somit mittelbarer Besitzer an der Wohnung, deren unmittelbarer Besitzer S ist.

Ferner müsste M seinerseits V gegenüber zum Besitz berechtigt gewesen sein. Diese Besitzberechtigung könnte aus dem Mietvertrag folgen. Zwischen M und V ist mangels gegenteiliger Angaben offenbar ein Mietvertrag wirksam zustande gekommen. Dieser könnte jedoch infolge einer Kündigung durch V wieder erloschen sein. Fraglich ist jedoch, ob die fristlose Kündigung, die V dem M aussprach, wirksam ist.

Zu einer Kündigung bedarf es eines Kündigungsgrundes und einer Kündigungserklärung. Die Erklärung der Kündigung ist laut Sachverhalt gegeben. Als Grund für eine fristlose Kündigung kommt § 543 Abs.3 in Betracht. Dieser setzt voraus, dass der Mieter, hier M, einen vertragswidrigen Gebrauch von der Sache macht. Da die Parteien ausdrücklich vereinbart haben, dass eine Untervermietung nicht zulässig ist, M gleichwohl die Wohnung an S weitervermietet hat, liegt ein vertragswidriger Gebrauch vor.

Dieser muss nach einer Abmahnung durch den Vermieter fortgesetzt worden sein. Nach dem Sachverhalt ist eine Abmahnung durch V erfolgt. Der M hat auch nichts unternommen, dem S den Gebrauch der Wohnung zu entziehen, also hat er die Untervermietung weiterhin gestattet. Folglich liegt eine Fortsetzung des vertragswidrigen Gebrauchs vor.

Schließlich ist eine erhebliche Verletzung der Rechte des V notwendig. Die Überlassung an Dritte, also auch die Untervermietung, ist im Gesetz beispielhaft für eine solche Rechtsverletzung genannt, so dass auch diese Voraussetzung erfüllt ist.

Folglich liegt auch ein Grund zur fristlosen Kündigung gem. § 543 Abs.3 vor. Also ist das Mietverhältnis durch wirksame Kündigung seitens des V beendet worden. Damit ist auch ein Recht zum Besitz für M, das dieser gegenüber V aus dem Mietvertrag herleiten könnte, entfallen. Damit kann aber auch S kein Besitzrecht von M ableiten, das er V gegenüber geltend machen könnte. Folglich hat S kein abgeleitetes Besitzrecht aus § 986 Abs.1 S.1, 2.Fall gegenüber V.

Also hat V gegenüber S einen Anspruch auf Herausgabe (Räumung) der Wohnung aus § 985.

§§§§§§§§§§§§§§§§§§§§

1. Voraussetzungen des § 985?	Sache, Eigentümer, Besitzer
2. Regelung der Sache?	in § 90
3. Wie ist in der Falllösung das Eigentum zu prüfen?	Historisch
4. Worauf erstreckt sich der Anspruch eines Miteigentümers?	Einräumung des Mitbesitzes
5. Was ist Besitz i.S.d. § 985?	Jede Besitzform
6. Genügt Besitzdienerschaft?	nein, da der Besitzdiener kein Besitzer ist
7. Anspruchsinhalt des § 985?	Einräumung des beim Besitzer vorhandenen Besitzes
8. Welche Vorschrift regelt, wo die Sache herauszugeben ist?	§ 269
9. Was kann einem Anspruch aus § 985 entgegenstehen?	ein Recht zum Besitz nach § 986
10. Welchen Fall regelt § 986 Abs.1 S.1, 1.Fall?	eigenes Recht zum Besitz
11. Welchen Abs.1 S.1, 2. Fall?	abgeleitetes Recht zum Besitz
12. Voraussetzungen des Abs.1 S.1, 2.Fall?	Besitzer; Besitzberechtigung; Besitzrecht abgeleitet vom mittelbaren Besitzer; dieser ist zum Besitz berechtigt
13. In welchen Fällen greift Abs.1 S.2 ein?	bei unberechtigter Besitzübertragung
14. Anspruchsinhalt in diesen Fällen?	grundsätzlich nur Rückgabe an den mittelbaren Besitzer
15. Was genügt zur Begründung eines Besitzrechtes nach § 986 nicht?	ein vermeintliches Rechtsverhältnis
16. Nach welchen Vorschriften regelt sich die Unmöglichkeit der Herausgabe?	Nach §§ 987 ff, nicht §§ 275 ff
17. Wieso sind die §§ 275 ff im Rahmen des § 985 nicht anwendbar?	Weil es sich um schuldrechtliche Vorschriften handelt, die systematisch deshalb im Sachenrecht nicht anwendbar sind.
18. Ist eine analoge Anwendung der §§ 275ff möglich?	Weil es angesichts der Regelung dieser Fälle in §§ 987 ff an einer unbewussten Lücke fehlt

4. Kapitel

Der rechtsgeschäftliche Eigentumserwerb

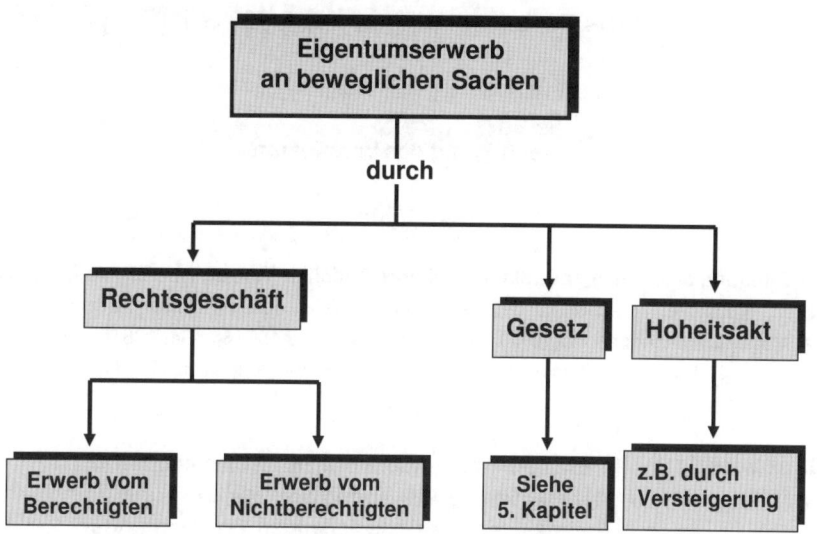

Beim Eigentumserwerb unterscheidet man den **rechtsgeschäftlichen** und den **gesetzlichen Eigentumserwerb**. Außerdem gibt es einen Eigentumserwerb durch Hoheitsakt, z.B. durch Versteigerung.

Nachfolgend wird zunächst der rechtsgeschäftliche Eigentumserwerb besprochen. Dieser ist in §§ 929 ff geregelt. Er betrifft lediglich den Eigentumserwerb an **beweglichen Sachen**. Für die Übertragung des Eigentums an Grundstücken finden sich entsprechende Regelungen in §§ 873, 925.

Beim rechtsgeschäftlichen Eigentumserwerb unterscheidet man den **Erwerb vom Berechtigten** nach §§ 929 - 931 und den **Erwerb vom Nichtberechtigten** nach den §§ 932 ff.

Der Eigentumserwerb nach § 929 S.1

§ 929 regelt quasi den Grundfall des rechtsgeschäftlichen Eigentumserwerbs an beweglichen Sachen.

Die Voraussetzungen des § 929 S.1

1. Einigung
2. Übergabe
3. Berechtigung des Veräußerers

Die Einigung

Die **Einigung** stellt einen **abstrakten sachenrechtlichen Vertrag** dar. Für die Einigung gelten grds. die Vorschriften des Allgemeinen Teils über Willenserklärungen und Rechtsgeschäfte, insbesondere §§ 104 ff, 119 ff, 133 und 157, §§ 134, 138, §§ 145ff, §§ 158 ff und §§ 164 ff, soweit im Sachenrecht nichts anderes geregelt ist. **Nicht anwendbar** sind dagegen die Vorschriften des Schuldrechts.

Ganz wichtig: **Nach dem Abstraktionsprinzip ist die Einigung im Rahmen des § 929 streng von der Einigung im Rahmen des zugrunde liegenden Verpflichtungsgeschäfts (z.B. Kaufvertrag) zu trennen**

Beide Verträge führen ein **rechtliches Eigenleben** und sind im Hinblick auf Entstehung und Bestand gesondert zu untersuchen.

Im täglichen Leben werden beide Einigungen oftmals durch ein und dasselbe schlüssige Verhalten geäußert. Dennoch: rechtlich bleiben es zwei getrennte, völlig selbständige Rechtsgeschäfte!

> *Bsp.*: Kunde K legt die Sache wortlos auf das Laufband an der Kasse bei L. L tippt den Preis ein und schiebt die Sache zu K hinüber. - Es wird kein Wort gesprochen, schlüssig liegen in dem Verhalten jedoch das Angebot und die Annahme bezüglich eines Kaufvertrages, ebenso wie das Angebot und die Annahme bezüglich der Eigentumsübertragung. Es werden also zwei Verträge geschlossen!

Die **Einigungserklärung** kann unter Bedingungen abgegeben werden. Dabei ist es auch möglich, durch die Bedingung eine gewisse Abhängigkeit vom Verpflichtungsgeschäft herzustellen.

Bsp.: A hat einen Warenautomaten aufgestellt. Kunde K wirft Geld ein und zieht eine Ware heraus. - Das Übereignungsangebot, das A mit dem Aufstellen des Automaten schlüssig an den jeweiligen Benutzer des Automaten abgibt, steht unter der Bedingung, dass der Benutzer, hier K, einen entsprechenden Kaufvertrag abgeschlossen hat, der Automat einwandfrei bedient wird und ordnungsgemäß funktioniert. Hier finden sich also drei Bedingungen, das Funktionieren des Automaten, die ordnungsgemäße Bedienung und das Zustandekommen eines Kaufvertrages.

Gegenstand der Einigung kann nur eine **bestimmte Sache** sein, sog. **Spezialitäts- oder Bestimmtheitsgrundsatz.** Es reicht also im Sachenrecht anders als im Schuldrecht die bloße Bestimmbarkeit nicht aus! Sofern die Sache hinreichend bestimmt ist, ist jedoch auch eine **vorweggenommene (antizipierte) Einigung** über einen Eigentumsübergang möglich. Dabei einigen sich Erwerber und Veräußerer, dass eine Sache, die der Veräußerer selbst erst noch erwerben wird, Gegenstand der Übereignung ist.

Die Einigung steht unter **keinem Formerfordernis**, es sei denn, dies ist rechtsgeschäftlich vereinbart.

Möglich ist auch, dass Erwerber und/oder Veräußerer bei der Abgabe der Einigungserklärung durch Stellvertreter **vertreten** werden. Da es sich bei der Einigung um Willenserklärungen handelt, sind auch die **Regeln über die Stellvertretung** unumschränkt anwendbar – aber nur **auf die Einigung, nicht auf die Übergabe!**

Beachten Sie: **die Probleme bei Eigentumsübertragungen unter Einschaltung von Vertretern liegen bei der Frage, wann und wie in diesen Fällen die Sache übergeben wird, also bei der Übergabe!**

Beachten Sie auch, dass bei der Stellvertretung zwischen der Vertretung für das Verpflichtungsgeschäft und der bzgl. der Übereignung zu unterscheiden ist. Nur um die Letztere geht es hier! Dies sind wegen des Abstraktionsprinzips zwei zu unterscheidende Rechtsgeschäfte, so dass die Stellvertretung für jedes Geschäft gesondert zu prüfen ist und auch jeweils gesondert die erforderliche Vollmacht festgestellt werden muss.

Bsp.:G beauftragt V seinen Pkw zu verkaufen. Die Abwicklung soll V aber nicht vornehmen. V verkauft und übereignet den Pkw an K. – Hier hatte V zwar Vertretungsmacht für den Verkauf, nicht aber für die Übereignung. Mangels wirksamer Vertretung bei der Einigung fehlt es an der Einigung G / K so dass es zu keiner Eigentumsübertragung an K kam.

Hinweis: K hat auch nicht gutgläubig erworben, da es mangels Einigung auch am normaler Erwerbstatbestand des § 929 fehlt!

Einigsein im Zeitpunkt der Vollendung des Rechtserwerbs

Aus § 929 S.1 ergibt sich aus der Formulierung "einig sind", dass die Einigung über den Eigentumsübergang im Zeitpunkt der Übergabe noch bestehen muss. Fraglich ist, ob die Einigungserklärung vor Übergabe bindend ist oder ob sie zurückgenommen werden kann.

Überwiegend meint man, dass bis zur Übergabe die Einigung **frei widerruflich** sei. Argument dafür: Gegenschluss aus § 873 Abs.2, wonach die Einigung bei Grundstücksgeschäften unter den dort genannten Voraussetzungen ausnahmsweise unwiderruflich ist.

Nach der Gegenansicht ist die Einigung wie jeder andere Vertrag **bindend**.
Näher dazu: Diehn, Jur. Streitstände Sachenrecht, Streitstand 39

Umstritten ist weiter, unter welchen Voraussetzungen man sich dann ggf. von der Einigung lösen kann. Während man teilweise jede objektiv erkennbare Willensänderung genügen lässt, meinen andere, die Einigung müsse mittels Widerrufs beseitigt werden. Eine vermittelnde Ansicht verlangt demgegenüber zwar keinen Widerruf, jedoch eine dem Erwerber erkennbare Willensänderung.

Bsp.: A und B haben sich nach längeren Vertragsverhandlungen darauf verständigt, dass A zur Annahme eines Übereignungsangebotes die georderten Waren an B abschicken soll. A schickt die Sachen los, widerruft jedoch seine damit abgegebene Annahme durch einen Eilbrief, der bei B eintrifft, noch bevor die Waren B zugehen. - Wäre die Einigung bindend, ginge der Widerruf ins Leere. Nach überwiegender Ansicht ist der Widerruf möglich, da die Einigung bis zur Vollendung des Rechtserwerbs, hier der Besitzergreifung durch B, noch möglich war. Da der Widerruf dem B zugegangen ist, erfolgte er wirksam. Die Sachen wurden daher nicht wirksam an B übereignet.

Beachten Sie: **in der Falllösung wird das Einigsein nur dann angesprochen, wenn es Anhaltspunkte gibt, dass es - ausnahmsweise - einmal nicht gegeben ist. Daher ist dieser Punkt auch oben in den Voraussetzungen nicht aufgeführt!**

Die Übergabe im Rahmen des § 929

Die Übergabe im Rahmen der Übereignungstatbestände ist Ausdruck des sog. Traditionsprinzips. Der Grundgedanke ist, dass der Eigentümer jeden Besitz verlieren und der Erwerber auf Veranlassung des Eigentümers zum Zweck der Eigentumsverschaffung unmittelbaren oder mittelbaren Eigenbesitz erlangen muss.

Die Übergabe ist grundsätzlich (Ausnahme § 854 Abs.2) **Realakt**.

Beachten Sie daher:

Es ist also weder Geschäftsfähigkeit erforderlich, noch sind die Regeln über Willenserklärungen auf die Übergabe anwendbar.

Übergabe bedeutet grds.:

Übertragung des unmittelbaren Besitzes vom Veräußerer auf den Erwerber

Wie sich aus § 931 ergibt, genügt die **Übertragung des mittelbaren Besitzes** für eine Übergabe im Sinne von § 929 S.1 gerade nicht, dies regelt § 931! Ebenso genügt die Einräumung von Mitbesitz durch einen veräußernden Eigentümer nicht. Ausreichend kann aber die Verschaffung mittelbaren Besitzes beim Erwerber sein, wenn dies auf Veranlassung des Veräußerers geschieht.

Beteiligung Dritter bei der Übergabe im Rahmen des § 929 S.1

Beim **Besitzerwerb unter Einschaltung eines Besitzdieners** erwirbt der Besitzherr gem. § 855 selbst unmittelbaren Besitz, sobald der Besitzdiener die tatsächliche Sachherrschaft erlangt. Überträgt jemand unter Einschaltung eines Besitzdieners den Besitz, so verliert er jeglichen Besitz in dem Augenblick, in dem der Besitzdiener die Sache an den Erwerber übergibt.

Übergabe unter Einschaltung eines Besitzmittlers

Ist der Veräußerer mittelbarer Besitzer, liegt eine Übergabe im Sinne des § 929 S.1 dann vor, wenn der mittelbare Besitzer seinen mittelbaren Besitz aufgibt und den unmittelbaren Besitzer veranlasst, dem Erwerber (oder einer von diesem bestimmten Person) unmittelbaren oder mittelbaren Besitz zu verschaffen.

Bsp.: V hat M seinen Pkw vermietet. V weist M an, den Wagen unmittelbar dem Erwerber E zu übergeben. - Es liegt eine Übergabe vor, da Veräußerer V jeglichen Besitz verliert und der Erwerber E mindestens mittelbaren Besitz erwirbt.

Auf Erwerberseite genügt für eine Übergabe im Sinne des § 929 der Erwerb des mittelbaren Besitzes, sofern die Besitzerlangung auf Weisung des Veräußerers geschieht.

Bsp.: V erwirbt im Auftrag des K für diesen bei X eine Sache. X übergibt die Sache dem V. - Durch die Übergabe an V verliert X jeglichen Besitz und K erlangt seinerseits mittelbaren Besitz, da V wegen des Auftrages in einem Besitzmittlungsverhältnis zu K steht.

Es genügt auch, wenn eine Person, die bisher Besitzmittler des Veräußerers war, nunmehr auf Weisung des Veräußerers in ein Besitzmittlungsverhältnis zum Erwerber tritt. Auch hier verliert der Veräußerer wegen des geänderten Fremdbesitzerwillens des Besitzmittlers seinen mittelbaren Besitz und der Erwerber erlangt wegen des neu begründeten Besitzmittlungsverhältnisses mittelbaren Besitz.

Bsp.: A hat bei L Sachen in Verwahrung gegeben. Nunmehr weist A den L an, die Sachen künftig für den E zu verwahren.

Übergabe unter Einschaltung einer sog. Geheißperson des Veräußerers

Eine Übergabe nach § 929 S.1 liegt schließlich auch dann vor, wenn der Veräußerer **überhaupt keinen Besitz** inne gehabt hat. Notwendig ist für eine Übergabe dann jedoch, dass er die Übergabe der Sache an den Erwerber (oder eine von diesem benannte Person) **veranlasst**. Diese Person, die er zur Besitzübertragung veranlasst, nennt man **Geheißperson**. Da sie durch den Veräußerer eingeschaltet wird, handelt es sich um eine Geheißperson des Veräußerers.

Bsp.: V verkauft eine Maschine an K. Die Maschine bestellt er bei Lieferant L und weist diesen an, die Maschine direkt an K zu liefern. - V hat keinen Besitz an der Maschine, er übergibt sie durch L als Geheißperson.

Übergabe unter Einschaltung einer Geheißperson auf Seiten des Erwerbers

Eine Übergabe im Sinne des § 929 soll schließlich auch dann vorliegen, wenn eine Person den Besitz erhält, die weder Besitzdiener noch Besitzmittler des Erwerbers ist. Notwendig ist nur, dass diese Person den Besitz auf Veranlassung des Erwerbers bekommt.

Bsp.: K erwirbt eine Maschine von V. K bittet V, die Maschine direkt an X, einen Kunden des K, auszuliefern. - X ist Geheißperson des K. K erlangt nie Besitz, aber Übergabe an seine Geheißperson genügt.

Es ist daher letztendlich aufgrund der Konstruktion einer Übergabe durch Einschaltung von Geheißpersonen eine Übereignung möglich, bei der weder der Veräußerer noch der Erwerber irgendeine Art von Besitz innegehabt haben. Ob eine derartige Konsequenz tatsächlich haltbar ist, wird zu Recht bezweifelt.

Vgl. dazu Jauernig, § 929 Rn 17.

Bsp.: *Geschäftsinhaber G bestellt für seinen Kunden K Waren beim Händler H. Er bittet H, die Waren direkt an K zu liefern. H seinerseits beschafft sich die Waren beim Lieferanten L, der sie auf Veranlassung des H dem K übersendet. - Unterstellt man, dass eine Übereignung durch Einschaltung von Geheißpersonen möglich ist, so finden hier folgende Übereignungen statt: L an H, wobei die Übergabe an K ausreichen soll, da dieser eine Geheißperson des Erwerbers, hier H, ist und auf dessen Veranlassung hin den Besitz erhält. Eine weitere Übereignung liegt vor zwischen H und G, wobei der Lieferant L als Geheißperson des Veräußerers H fungiert und K eine Geheißperson des Erwerbes G ist. Schließlich findet noch eine Übereignung von G an K statt.*

Ob derartige Fälle auf sog. **Veräußerungsketten** (wie im Beispiel) beschränkt sind oder aber auch darüber hinausgehend Geltung haben sollen, ist umstritten.

Vgl. dazu Jauernig, § 929, Rn 16 f.

Übergabe in Fällen der Stellvertretung

Da die Stellvertretung nur bei der Abgabe von Willenserklärungen möglich ist, hat sie für die Frage der Übergabe keine Bedeutung. Sie betrifft allein die Abgabe der Einigungserklärung! Freilich kann auf Veräußerer- oder Erwerberseite dann auch ein Dritter, der unter Umständen gleichzeitig Stellvertreter ist, tätig werden. So kann der Stellvertreter gleichzeitig Besitzdiener oder Besitzmittler des Veräußerers bzw. des Erwerbers sein. In diesen Fällen erlangt der Erwerber unmittelbar mit Übergabe der Sache an den Vertreter (=Besitzdiener/Besitzmittler) Eigentum, man spricht dann von einem sog. Direkterwerb.

Anders bei **verdeckter Stellvertretung**, da hier die Einigung zwischen Veräußerer und Vertreter wirkt und erst durch eine Weiterveräußerung das Eigentum vom Vertreter auf den Vertretenen übergeht (sog. Durchgangserwerb des Vertreters).

Ob der **Vertreter Besitzdiener oder mittelbarer Besitzer** ist, hängt von dem Verhältnis zu seinem Vertretenen ab. Es ist also zu prüfen, ob im Einzelfall die Voraussetzungen des § 868 oder die des § 855 erfüllt sind.

Die Berechtigung

Berechtigter ist grundsätzlich der Eigentümer, es sei denn, ihm fehlte die Verfügungsbefugnis, z.B. infolge eines Veräußerungsverbotes nach §§ 135, 136 oder bei Insolvenz.

Die Berechtigung kann sich bei fehlendem Eigentum jedoch auch aus einer Verfügungsbefugnis, z.B. durch Ermächtigung nach § 185 ergeben. Fehlt es an der Berechtigung des Eigentümers zur Übertragung des Eigentums, scheidet eine Übereignung nach § 929 S.1 aus. In Betracht kommt jedoch dann ein gutgläubiger Erwerb nach § 932.

Der Erwerb vom Nichtberechtigten nach § 932 Abs.1 S.1

Die Voraussetzungen des § 932 Abs.1 S.1

1. Bestehen des normalen Erwerbstatbestandes nach § 929 S.1
2. Fehlen einer Berechtigung zur Eigentumsübertragung
3. Guter Glaube des Erwerbers
4. Kein Abhandenkommen i.S.d. § 935

Mit dem **Bestehen des normalen Erwerbstatbestandes**, auch als Rechtsscheintatbestand bezeichnet, meint man, dass die sonstigen Voraussetzungen des § 929 S.1 (also Einigung, Übergabe, Einigsein zum Zeitpunkt der Übergabe) gegeben sein müssen. Der Grundgedanke, der hinter dieser Voraussetzung steht, ist, dass derjenige, der einen Besitzwechsel im Sinne einer Übergabe bewirken kann, zugunsten seiner Person den Rechtsschein aufweist, ihm stehe auch das Eigentum zu.

Die **Berechtigung zur Eigentumsübertragung fehlt**, wenn der Veräußerer nicht Eigentümer ist oder ihm die Verfügungsbefugnis fehlt, z.b. nach §§ 135, 136 oder in der Insolvenz. Zur Verfügung befugt ist grds. der Eigentümer, aber auch jeder, der sonst eine Verfügungsbefugnis erlangt hat.

Bsp.: Ermächtigung nach § 185, als Nachlassverwalter nach § 1985, als Testamentsvollstrecker nach § 2205 oder als Insolvenzverwalter.

Die Gutgläubigkeit i S.d. §§ 932 ff

Inhalt des guten Glaubens ist, dass der Erwerber meint, der Veräußerer sei Eigentümer oder er nicht grobfahrlässig verkennt, dass der Veräußerer nicht Eigentümer ist, § 932 Abs.2. Der gute Glaube bezieht sich also stets auf die Frage, ob der Veräußerer Eigentümer ist. **Nicht geschützt** wird der **gute Glaube an Verfügungsbefugnis** des Veräußerers. Ausnahme: § 366 HGB!

Grundsätzlich vermutet das Gesetz nach dem Wortlaut des § 932 die Gutgläubigkeit des Erwerbers. **Bösgläubigkeit** liegt vor bei Kenntnis oder grobfahrlässiger Unkenntnis von der fehlenden Eigentümerstellung des Veräußerers.

Grob fahrlässig handelt, wer die erforderliche Sorgfalt nach den gegebenen Umständen in ungewöhnlich großem Maß verletzt.

Dies ist z.B. der Fall, wenn
- naheliegende Überlegungen zur Frage, ob der Veräußerer Eigentümer ist, nicht angestellt
- sich aufdrängende Informationspflichten nicht erfüllt wurden.

Beispiele für **typische Fälle** grober Fahrlässigkeit sind u.a.:
- Der Erwerb eines Kfz ohne Vorlage des Kfz-Briefes
- wer bei Erwerb eines Kfz, bei dem der Veräußerer nicht im Brief steht, keine Erkundigung zu den Hintergründen einholt – anders aber, wenn der Erwerb von einem seriösen Händler erfolgt
- Erwerb neuwertiger Sachen, die üblicherweise unter Eigentumsvorbehalt veräußert werden, ohne entsprechende Nachforschungen
- Veräußerung zu offensichtlichen "Schleuderpreisen"

oder ganz allgemein, wenn die Umstände des Einzelfalls eine Erkundigung geboten erscheinen lassen, also wenn die Gesamtumstände dubios sind.

Vgl. dazu auch Jauernig, §932, 17; Palandt-Bassenge § 932, 11 ff.

Abhandenkommen i.S.d. § 935

Abhandenkommen bedeutet **Besitzverlust ohne oder gegen den Willen des bisherigen Besitzers**. Dieser Wille ist tatsächlicher und nicht rechtsgeschäftlicher Natur. Es ist dabei stets auf den unmittelbaren Besitzer abzustellen.

Fraglich ist, ob **beschränkte Geschäftsfähigkeit** und **Geschäftsunfähigkeit** bei Weggabe von Sachen zu einem Abhandenkommen führen. Nach überwiegender Ansicht sollen bei einem beschränkt Geschäftsfähigen die allgemeinen Grds. gelten. Bei Geschäftsunfähigen soll hingegen stets ein Abhandenkommen vorliegen.

Str., vgl. Jauernig, § 935, 4 m.w.N.

Zu beachten ist jedoch, dass beschränkt Geschäftsfähige oft an den von ihnen genutzten Gegenständen keinen Besitz haben, sondern deren gesetzlicher Vertreter. Dann kommt diesen bei Weggabe durch den beschränkt Geschäftsfähigen der Besitz abhanden, sofern sie nicht selbst mit der Weggabe einverstanden waren.

Wie es zu der Willensbildung gekommen ist, ist grundsätzlich unerheblich, so dass auch eine Weggabe infolge Irrtums oder Täuschung mit Willen geschieht. Dies soll auch für Fälle der arglistigen Täuschung gelten und erst bei unwiderstehlichem körperlichen Zwang etc. soll ein Abhandenkommen anzunehmen sein.

Bei **mittelbarem Besitz des Eigentümers** kommt es auf den **Besitzverlust durch den unmittelbaren Besitzer** an. Nur wenn dieser seinen unmittelbaren Besitz ohne Willen eingebüßt hat, liegt ein Abhandenkommen nach § 935 Abs.1 S.2 vor. **Ein unfreiwilliger Verlust des mittelbaren Besitzes ist also nicht geschützt!**

Besteht zwischen Eigentümer und unmittelbarem Besitzer **kein Besitzmittlungsverhältnis**, kann § 935 Abs.1 S.2 nicht analog angewendet werden. Kommt in diesem Fall dem unmittelbaren Besitzer der Besitz abhanden, steht § 935 einem gutgläubigen Erwerb **nicht entgegen.**

Str. vgl. Jauernig § 935, 7 m.w.N.

Bei **Weggabe einer Sache durch einen Besitzdiener** ohne Willen des Besitzers liegt ein Abhandenkommen vor. Grund: allein der Besitzer verfügt über eine Besitzposition, nicht jedoch der Besitzdiener.

Zu den vorstehenden Fallkonstellationen, die fast alle umstritten sind, vgl. Diehn, Jur. Streitstände Sachenrecht, Streitstand 48 sowie den Überblick bei Jauernig, § 935, 2 ff.

Bei Juristischen Personen führt die Weggabe durch deren Organe nicht zu § 935.

Dazu Jauernig, § 935, 9.

Beachten Sie: **Bei Gegenständen im Sinne des § 935 Abs.2 (insbesondere bei Geld!) kommt es auf ein Abhandenkommen nicht an.**

Klausurhinweis: Wenn Sie die Prüfung mit § 929 S.1 beginnen, dann die Berechtigung verneinen und nunmehr § 932 Abs.1 S.1 prüfen wollen, müssen Sie die beiden ersten Voraussetzungen der Vorschrift nicht unbedingt ansprechen, sondern können auch gleich mit der dritten, dem "Besitzerwerb vom Veräußerer", fortfahren.

Formulierungsvorschlag:

....*Die fehlende Berechtigung könnte aber nach § 932 Abs.1 S.2 überwunden werden. Dann müsste zusätzlich der Erwerber, hier ..., den Besitz vom Veräußerer, hier ..., erlangt haben. .....*

Fall 3:
D stiehlt E ein Fahrrad. Er bietet die Beute K an, der nichts davon weiß und das Rad erwirbt. Als E das Rad bei K entdeckt, verlangt er es von ihm nach § 985 heraus. Zu Recht?

Lösungsvorschlag

E könnte gegen K einen Anspruch auf Herausgabe des Fahrrades aus § 985 haben.

Dann müsste zunächst K Besitzer einer beweglichen Sache sein. Das Rad ist ein beweglicher körperlicher Gegenstand und gem. § 90 daher eine bewegliche Sache.

Mangels anderer Angaben kann auch davon ausgegangen werden, dass sich das Fahrrad noch bei K befindet, er also die tatsächliche Sachherrschaft darüber ausübt, also Besitzer im Sinne des § 854 ist.

Weiter müsste E Eigentümer des Rades sein. Mangels gegenteiliger Hinweise im Sachverhalt ist anzunehmen, dass E ursprünglich Eigentümer des Fahrrades war. Er könnte jedoch sein Eigentum daran verloren haben.

Eine Übertragung des Eigentums geschieht grundsätzlich nach §§ 929 ff. Dazu ist jedoch eine entsprechende Einigung erforderlich. Da sich dem Sachverhalt zufolge E weder mit D noch mit K über den Erwerb des Eigentums an dem Rad geeinigt hat, kommt ein Eigentumsverlust insoweit nicht in Betracht.

Denkbar wäre jedoch ein Verlust des Eigentums durch die Veräußerung des Fahrrades von D an K. Dann müssten sich D und K zunächst bezüglich des Eigentumsübergangs geeinigt haben. Da K das Rad von D erwirbt, ist mangels anderer Angaben im Sachverhalt anzunehmen, dass eine Einigung vorliegt.

Ferner müsste D das Rad an K übergeben haben. Da sich das Fahrrad offenbar bei K befindet, ist dies wohl geschehen.

Schließlich müsste der Veräußerer, also D, Berechtigter gewesen sein. Da D, wie oben festgestellt, jedoch von E das Eigentum nicht erwarb, war D nicht Eigentümer. Eine anderweitige Verfügungsberechtigung des D ist ebenfalls nicht ersichtlich. Folglich handelte er als Nichtberechtigter.

Die somit fehlende Berechtigung könnte jedoch nach Maßgabe der §§ 932 ff überwunden werden. In Betracht kommt hier § 932 Abs.1 S.1. Dazu bedarf es des normalen Erwerbstatbestands und fehlender Berechtigung. Beides liegt vor s.o.

Weiter ist Gutgläubigkeit des Erwerbers im Hinblick auf das Eigentum des Veräußerers zum Zeitpunkt des Erwerbs erforderlich. Da K offenbar nicht weiß, dass E Eigentümer des Rades ist und Hinweise auf grobfahrlässige Unkenntnis fehlen, ist von der Gutgläubigkeit des K auszugehen. Damit liegen die Voraussetzungen für einen gutgläubigen Erwerb vor.

Dem könnte jedoch § 935 entgegenstehen. Danach ist ein gutgläubiger Erwerb stets dann ausgeschlossen, wenn die Sache dem Eigentümer abhanden kam. Als besonderer Fall des Abhandenkommens wird in § 935 Abs.1 S.1 der Diebstahl einer Sache genannt. Da im Sachverhalt beschrieben ist, dass D dem E das Rad gestohlen hat, liegt ein Abhandenkommen im Sinne des § 935 also vor, so dass ein gutgläubiger Erwerb des K ausgeschlossen ist. Damit hat K nicht wirksam das Eigentum erworben, folglich ist E nach wie vor Eigentümer des Fahrrades. Demnach liegen die Voraussetzungen des § 985 vor.

Mithin hätte E einen Herausgabeanspruch gegen K, es sei denn, dem K stünde ein Recht zum Besitz im Sinne des § 986 zu.

Die Ableitung eines Rechtes zum Besitz auf Seiten des K unmittelbar von E oder aber mittelbar über D lässt sich dem Sachverhalt aber nicht entnehmen.

Folglich hat K gegen E einen Anspruch auf Herausgabe des Fahrrades aus § 985.

§§§§§§§§§§§§§§§§§§§§§§

Eigentumsübertragung nach § 929 S.2

§ 929 S.2 beschreibt die sog. Übereignung "kurzer Hand".

Die Voraussetzungen des § 929 S.2

1. Einigung über den Eigentumsübergang
2. Erwerber ist im Besitz der Sache
3. Berechtigung des Veräußerers.

Die Übereignung nach Satz 2 unterscheidet sich von dem Grundfall der Übereignung nach Satz 1 also lediglich darin, dass eine **Übergabe entbehrlich** ist, weil der Erwerber bereits im Besitz der Sache ist.

Unter **Besitz des Erwerbers** versteht man **jede Form des mittelbaren und unmittelbaren Besitzes**. Wichtig ist allein, dass der Veräußerer selbst keinerlei Besitz mehr behält.

Ist der Erwerber lediglich Besitzdiener des Veräußerers, soll die Übereignung nicht nach § 929 S.2 geschehen können, da der Besitzdiener gem. § 855 selbst keinen Besitz hat. In diesen Fällen muss die Übereignung nach § 929 S.1 erfolgen. Zur Vereinfachung meint man jedoch, dass anstelle der Übergabe in diesem Fall die nach außen hin erkennbar in Erscheinung tretende Beseitigung des nach § 855 notwendigen Herrschaftsverhältnisses ausreichen soll (str.)

Bsp.: *Geschäftsinhaber G verkauft seinem Angestellten A ein Dienstfahrzeug, das dieser bereits zuvor ständig genutzt hat. - A ist Besitzdiener, daher kein Fall des § 929 S.2. Übereignung nach § 929 S.1, wenn statt der Übergabe, an der es hier fehlt, ein äußerlich erkennbarer Akt zur Beseitigung des Herrschaftsverhältnisses nach § 855 vorliegt. Einen solchen Akt stellt die Umschreibung des Fahrzeuges dar, denn daraus wird ersichtlich, dass das zuvor bestehende Herrschaftsverhältnis im Sinne des § 855 nicht weiter gelten, es also enden soll.*

Der gutgläubige Erwerb nach §§ 929 S.2, 932 Abs.1 S.2

Die Voraussetzungen des § 932 Abs.1 S.2

1. Vorliegen des normalen Erwerbstatbestandes nach § 929 S.2
2. Fehlende Berechtigung
3. Besitzerwerb des Erwerbers vom Veräußerer
4. Gutgläubigkeit des Erwerbers
5. Kein Abhandenkommen.

Anders als im Grundfall des gutgläubigen Erwerbs nach § 932 Abs.1 S.1 ist hier zusätzlich erforderlich, dass der **Erwerber den Besitz vom Veräußerer erlangt hatte**. Im Normalfall muss also der Veräußerer die Sache zuvor dem Erwerber übergeben haben. **Ausreichend** soll jedoch auch sein, dass der Veräußerer **einmal Besitzer gewesen** ist und nach ihm der wahre Eigentümer nicht Besitzer gewesen ist.

> *Bsp.: Der Nichtberechtigte N hat eine Sache vom Eigentümer E gemietet. N verleiht die Sache an den Dritten D. D vermietet seinerseits die Sache unberechtigt an X. Später verkauft und übereignet N die Sache an X. - Da N einmal Besitzer gewesen ist und nach ihm Eigentümer E die Sache nicht mehr besessen hat, kann X gutgläubig nach § 932 Abs.1 S.2 Eigentum erwerben.*

Im vorstehenden Beispielsfall soll es ebenfalls ausreichen, dass der Nichtberechtigte dem Erwerb des X zustimmt. Dann nämlich spricht der Rechtsschein dafür, dass der Erwerber seinen Besitz letztendlich vom Veräußerer ableitet.

Die anderen Merkmale des gutgläubigen Erwerbs nach § 932 Abs.1 S.2 entsprechen denen nach Abs.1 S.1.

Fall 4:
A hat B sein Auto geliehen. B vermietet es an C. C ist so begeistert von dem Wagen, dass er ihn erwerben möchte. Er einigt sich mit B, der sich als Eigentümer ausgibt und C den Kfz-Brief aushändigt. C erfährt alles, als A den Wagen von ihm herausverlangt. Herausgabeansprüche des A?

Lösungsvorschlag

A könnte gegen B Anspruch auf Herausgabe des Autos aus § 604 Abs.4 haben.

Ein Anspruch aus § 604 Abs.4 setzt zunächst das Bestehen eines wirksamen Leihvertrages voraus. Ein solcher ist mangels anderer Angaben offenbar zwischen A und B geschlossen worden. Da keine gegenteiligen Anhaltspunkte im Sachverhalt vorhanden sind, gilt nach § 604 Abs.3, dass der Verleiher jederzeit berechtigt ist, die Sache zurückzufordern. Damit steht dem A zwar ein Rückforderungsrecht nach § 604 zu, diesem könnte jedoch ein Leistungshindernis entgegen stehen. In Betracht kommt Unmöglichkeit gem. § 275 Abs.1 als Einwendung gegen den Primäranspruch. Da die dem B obliegende Leistung - die Rückgabe der Sache - nicht mehr erbringbar ist, liegt Unmöglichkeit und damit ein Leistungshindernis nach § 275 Abs.1 vor.

Mithin wird der Verpflichtete B frei von der Leistung. Dem Berechtigten A stehen lediglich Sekundäransprüche (Schadensersatz) zu. Folglich hat A keinen Herausgabeanspruch mehr gegen B aus § 604.

A könnte gegen C einen Anspruch auf Herausgabe des Autos aus § 985 haben.

Dann müsste zunächst C Besitzer einer beweglichen Sache sein. Bei dem Auto handelt es sich um einen körperlichen Gegenstand, also gem. § 90 um eine Sache. Der Wagen befindet sich offenbar bei C, folglich übt er die tatsächliche Sachherrschaft darüber aus. Damit ist er gem. § 854 Abs.1 Besitzer i.S. des § 985.

Weiter müsste A Eigentümer sein. Da A den Wagen an B verliehen hat, kann mangels anderer Angaben davon ausgegangen werden, dass A ursprünglich Besitzer des Autos war. Somit kann gem. § 1006 Abs.2 vermutet werden, dass er zu dieser Zeit auch Eigentümer war. Fraglich ist jedoch, ob er sein Eigentum verloren hat. In Betracht kommt zunächst ein Verlust an B. Da er laut Sachverhalt jedoch das Fahrzeug an B nur verliehen hat und ein solcher schuldrechtlicher Leihvertrag nicht in der Lage ist, eine dingliche Rechtsänderung zu bewirken und dies außerdem dem Wesen der Leihe widersprechen würde, ist darin keine Übereignung zu sehen.

Möglich wäre aber eine wirksame Übereignung an C. A selbst hat sich jedoch mit C nicht geeinigt, so dass ein unmittelbarer Eigentumserwerb des C von A nicht in Betracht kommt. In Betracht kommt jedoch ein Erwerb von B. Angesichts fehlender Übergabe scheidet ein Erwerb nach § 929 S.1 aus.

Denkbar wäre aber eine Übereignung nach § 929 S.2. Die dazu erforderliche Einigung ist gegeben. Weiter müsste der Erwerber im Besitz der Sache sein. Da zum Zeitpunkt der Einigung B Besitzer des Fahrzeuges war, ist dies der Fall.

Schließlich müsste der Veräußerer, also B, Berechtigter gewesen sein. Da B weder Eigentümer (s.o.) noch sonst Berechtigter war, fehlt es an dieser Voraussetzung.

Die damit gegebene Nichtberechtigung könnte jedoch nach §§ 932 ff überwunden werden. In Betracht kommt ein Erwerb nach § 932 Abs.1 S.2. Dieser setzt zunächst den guten Glauben an das Eigentum des Veräußerers, also des B, voraus. Kenntnis des C von den wahren Umständen lässt sich dem Sachverhalt nicht entnehmen. Grobfahrlässige Unkenntnis liegt bei Kfz-Geschäften dann vor, wenn der Veräußerer nicht im Besitz des Kfz-Briefes ist. Da B jedoch den Kfz-Brief an C übergeben hat und andere Hinweise auf Bösgläubigkeit nicht ersichtlich sind, war C gutgläubig.

Ferner ist erforderlich, dass der Erwerber, also C, den Besitz vom Veräußerer, also von B, erlangt hat. Da C das Fahrzeug aufgrund eines Mietvertrages von B erhielt, ist auch diese Voraussetzung erfüllt. Folglich liegt ein gutgläubiger Erwerb nach § 932 Abs.1 S.2 vor.

In Betracht käme jedoch ein Ausschluss nach § 935. Dann müsste die Sache dem ursprünglichen Eigentümer, also A, abhanden gekommen sein. Abhandenkommen bedeutet Verlust des unmittelbaren Besitzes gegen oder ohne den Willen des bisherigen Besitzers. Da A im Rahmen des Leihvertrages den Besitz willentlich auf B übertrug, fehlt es an einem Abhandenkommen. Also ist ein Ausschluss nach § 935 nicht gegeben.

Damit hat C gutgläubig Eigentum erworben, A sein Eigentum mithin verloren, so dass A kein Anspruch aus § 985 auf Herausgabe des Fahrzeuges gegen C zusteht.

Weil der Besitzer, also C, hier beim Erwerb des Besitzes von B nicht bösgläubig war, vgl.oben, kommt ein Anspruch aus § 1007 Abs.1 nicht in Betracht.

Da die Sache dem früheren Besitzer, also A, nicht abhanden gekommen ist, scheidet ein Anspruch aus § 1007 Abs.2 ebenfalls aus.

Ein Anspruch aus § 861 setzt voraus, dass dem Besitzer dessen unmittelbarer Besitz durch verbotene Eigenmacht entzogen wurde. Da A seinen Besitz willentlich auf B übertrug (s.o.), liegt keine verbotene Eigenmacht gegenüber A vor.

Ein Anspruch aus § 869 in Verbindung mit § 861 setzt voraus, dass gegen den unmittelbaren Besitzer verbotene Eigenmacht verübt wurde. Unmittelbarer Besitzer ist der B als Besitzmittler für A im Rahmen des Leihvertrages. Folglich müsste gegen B verbotene Eigenmacht verübt worden sein. B hat jedoch den Besitz freiwillig auf C übertragen, so dass es an einer verbotenen Eigenmacht gegenüber B fehlt.

§§§§§§§§§§§§§§§§§§§§§§§§§§

Der Eigentumserwerb nach § 930

§ 930 enthält einen Fall eines sog. Übergabesurrogates, also des Ersatzes der Übergabe.

Die Voraussetzungen des § 930

1. Einigung
2. Die Sache befindet sich im Besitz des Veräußerers
3. Vereinbarung eines Besitzmittlungsverhältnisses (BMV) i.S.d. § 868
4. Berechtigung des Veräußernden.

Auch hier bestehen für die **Einigung** keine Besonderheiten.

Nach dem Wortlaut der Vorschrift ist erforderlich, dass sich die **Sache im Besitz des Eigentümers** befindet. Ausreichend ist aber, dass sie im Besitz des Veräußerers stand, auch wenn dieser nicht der Eigentümer war.

Für den **Besitz des Veräußerers** genügt neben dem unmittelbaren Besitz auch der **mittelbare** Besitz. In diesen Fällen wandelt sich allerdings der bis zur Veräußerung bestehende mittelbare Eigenbesitz in mittelbaren Fremdbesitz.

Bsp.: E hat einen Gegenstand an L verliehen. Nunmehr veräußert E diese Sache an M unter Vereinbarung eines Mietvertrages über die Sache. - Die Übereignung der Sache erfolgt nach § 930, da E durch das Leihverhältnis mit L mittelbarer Besitzer an der Sache ist. Durch Vereinbarung eines Mietvertrages mit M wird ein Besitzmittlungsverhältnis begründet. Vor der Übereignung war E mittelbarer Eigenbesitzer, mit der Übereignung behält er zwar seinen mittelbaren Besitz, jedoch besitzt er nunmehr für den neuen Eigentümer M, hat also mittelbaren Fremdbesitz.

Für ein Besitzmittlungsverhältnis ist grundsätzlich § 868 maßgebend. Allerdings bedarf es nach überwiegender Auffassung nicht der Wirksamkeit des vereinbarten BMV. Notwendig ist jedoch das Bestehen eines Herausgabeanspruchs für den Erwerber

⇒ **ein vermeintlicher Herausgabeanspruch genügt nicht!**

sowie Fremdbesitzerwille des Veräußerers. Das konkrete Rechtsverhältnis kann dagegen unwirksam sein. Man spricht insoweit auch von einem **vermeintlichen Rechtsverhältnis**.

Beachten Sie: Ist das **Rechtsverhältnis nicht wirksam**, kann daraus der Herausgabeanspruch nicht hergeleitet werden. Dieser wird dann aber im Rahmen des § 930 regelmäßig aus **§§ 812 ff** folgen. Ein Rückgiff auf **§ 985** erscheint dagegen zweifelhaft.

> Der Anspruch aus § 985 richtet sich hier (im BMV) vom Erwerber gegen den Veräußerer. Voraussetzung für diesen § 985 ist das Eigentum des Erwerbers. Ob dieser Eigentümer ist, hängt davon ab, ob er nach § 930 das Eigentum erworben hat! Dies setzt aber wieder § 930 voraus usw. – eine Zirkelprüfung wäre die Folge!

Wichtigster Fall des § 930 ist die **Sicherungsübereignung**. Dort ist der Sicherungsvertrag, der zwischen den Parteien abgeschlossen wird, das notwendige BMV, das die Übergabe ersetzt. Näheres dazu im 8. Kapitel.

Das Besitzmittlungsverhältnis kann nach überwiegender Auffassung (entgegen dem Wortlaut ..."vereinbart") auch gesetzlichen Ursprungs sein.

Möglich ist auch die Vereinbarung eines sog. **antizipierten Besitzkonstitutes**, also eines vorweggenommen BMV. In diesen Fällen wird ein BMV vereinbart, bevor der Veräußerer in den Besitz der Sache gelangt ist. Grundsätzlich wird ein vorweggenommenes Besitzkonstitut als zulässig erachtet. Probleme wirft in diesem Zusammenhang allerdings der Bestimmtheitsgrundsatz des Sachenrechts auf. Da die Sache, die später einmal übereignet wird, noch nicht vorhanden ist, muss bereits im Vorwege hinreichend exakt bestimmt sein, welche Sache später einmal Gegenstand der Übereignung sein soll.

Während die Rechtsprechung verlangt, dass anhand äußerlich erkennbarer Verhaltensweisen der Übertragende seinen Willen bekundet, das Eigentum weiter zu übertragen, meint die überwiegende Auffassung in der Lehre, dass es einer solchen Ausführungshandlung nicht bedarf.

In Fällen eines antizipierten Besitzkonstitutes vereinbaren Veräußerer und Erwerber schon im Voraus eine dingliche Einigung sowie ein BMV. Wird nun der Veräußerer in den Besitz der Sache gesetzt, kommt es für eine logische Sekunde zum Durchgangserwerb des Eigentums bei ihm, das er dann innerhalb dieser logischen Sekunde sofort auf den Erwerber weiter überträgt.

Bsp.: Unternehmer U hat sein Warenlager, das wechselnde Warenbestände aufweist, an X zur Sicherheit übereignet. Nach dem Sicherungsvertrag sollen auch neu erworbene Waren in das Sicherungseigentum des X fallen. - Sobald nun U neue Waren erwirbt und er in diesem Zusammenhang den Besitz daran erlangt, wird er für eine logische Sekunde Eigentümer der Waren, das Eigentum wird jedoch innerhalb dieser logischen Sekunde auch sogleich auf den Sicherungsnehmer X weiter übertragen, der fortan Eigentümer ist. Mit ihm besteht ein zuvor vereinbartes BMV.

Ein Eigentumserwerb tritt jedoch in Fällen des vorweggenommenen Besitzkonstitutes nur ein, wenn zum Zeitpunkt der Besitzerlangung durch den Veräußerer alle Voraussetzungen des § 930 vorliegen. Insbesondere bedarf es noch des Einigseins und der Verfügungsbefugnis. Für das BMV muss auch der Fremdbesitzerwille noch in diesem Zeitpunkt gegeben sein.

Möglich sein soll auch ein sog. **Insichkonstitut**, das mit einer Insicheinigung verbunden ist.

Bsp.: A erwirbt für B Waren, ohne jedoch seine Stellvertreterstellung aufzudecken. A will das Eigentum an diesen Waren aber erst an B weiter übertragen, wenn dieser an ihn eine vorher vereinbarte Vermittlungsprovision entrichtet hat. - Hier soll es möglich sein, dass der Vertreter, A, mit sich selbst einen Einigungsvertrag und das erforderliche BMV abschließt.

Näheres zu dieser Fallkonstellation: Jauernig, § 930, 18.

Gutgläubiger Erwerb nach §§ 930, 933

Der gutgläubige Erwerb nach § 933 ist von dem Grundsatz geprägt, dass der Veräußerer jeglichen Besitz verlieren und der Erwerber zumindest mittelbaren Besitz erlangen muss.

Die Voraussetzungen des § 933

1. Vorliegen des Erwerbstatbestandes nach § 930
2. Fehlen der Berechtigung
3. Übergabe der Sache durch den Veräußerer an den Erwerber
4. Gutgläubigkeit des Erwerbers zu dieser Zeit
5. Kein Abhandenkommen i.S.d. § 935

Unter **Übergabe** im Sinne des § 933 ist eine **Übergabe im Sinne des** § 929 S.1 zu verstehen. Nicht ausreichend ist also die Vereinbarung eines BMV zwischen Erwerber und Veräußerer, da es dabei an der Übertragung des unmittelbaren Besitzes fehlt. Ausreichend soll andererseits aber z.B. die Übergabe der Sache an einen Mieter des Erwerbers sein, also die Verschaffung mittelbaren Besitzes beim Erwerber (zweifelhaft). Ebenso genügt es, wenn nicht der Erwerber selbst, sondern eine von ihm benannte Geheißperson den Besitz erlangt.

Überwiegend verlangt man außerdem, dass der Veräußerer mit Übergabewillen aufgrund des Veräußerungsgeschäftes den Besitz überträgt. Eine eigenmächtige Inbesitznahme durch den Erwerber soll nicht ausreichen.

Wird zwischen Veräußerer und Erwerber ein BMV vereinbart, so dass es nicht zu einem wirksamen gutgläubigen Erwerb kommt, so ist dennoch die Vereinbarung des BMV - sofern die Voraussetzungen vorliegen - wirksam.

Fall 5:
S ist Besitzer eines Campers, der dem X gehört. S veräußert den Wagen an D. Es wird vereinbart, dass S den Wagen noch drei Wochen unentgeltlich nutzen könne. Einige Tage später meldet sich X bei D und verlangt den Wagen heraus. Ansprüche des X gegen D?

Abwandlung:
Wie vor, aber S hat den Camper bei D abgeliefert. Eine Woche zuvor hatte D erfahren, dass X Eigentümer des Wagens ist. X verlangt einige Zeit nachdem S den Wagen abgeliefert hat, den Camper von D heraus. Zu Recht?

Lösungsvorschlag (Ausgangsfall)

X könnte gegen D einen Anspruch auf Herausgabe des Campers aus § 985 haben. Dann müsste X Eigentümer des Campers sein. Da der Camper dem X gehört, kann davon ausgegangen werden, dass X ursprünglich dessen Eigentümer war. Er könnte jedoch sein Eigentum verloren haben. Da S lediglich Besitzer des Campers ist und Anhaltspunkte dafür, dass X den Wagen an S übereignet hat, dem Sachverhalt nicht zu entnehmen sind, kommt ein Eigentumsverlust an S nicht in Betracht.

Denkbar wäre jedoch ein Verlust an D durch dessen Erwerb von S. Eine Übereignung von S an D nach § 929 setzt unter anderem eine Übergabe voraus. Da S und D vereinbart haben, dass S das Fahrzeug weiter nutzen solle, fehlt es an einer derartigen Übergabe.

In Betracht kommt aber ein Erwerb nach § 930. Dieser setzt voraus, dass der Veräußerer, hier S, im Besitz der Sache ist. Dies ist hier der Fall.

Weiter ist nach § 930 notwendig, dass zwischen dem Veräußerer und Erwerber ein Besitzmittlungsverhältnis vereinbart wird. Da D und S die unentgeltliche Nutzung des Fahrzeugs auf Zeit vereinbart haben, ist darin der Abschluss eines wirksamen Leihvertrags zu sehen. Damit liegt ein konkretes Rechtsverhältnis vor, das auch einen wirksam begründeten Herausgabeanspruch, aus § 604, beinhaltet. Schließlich ist mangels anderer Angaben davon auszugehen, dass S das Fahrzeug für D besitzen will, er also den erforderlichen Fremdbesitzerwillen aufweist. Damit haben die Parteien ein Besitzmittlungsverhältnis vereinbart, die Voraussetzungen des § 930 liegen insoweit vor.

Es bedarf ferner der Berechtigung des Veräußerers. Da S nicht Eigentümer ist (s.o.) und eine sonstige Verfügungsberechtigung nicht ersichtlich ist, fehlt es an der Berechtigung.

Denkbar wäre jedoch die Überwindung dieser Nichtberechtigung nach §§ 932 ff. In Betracht kommt hier ein Erwerb nach § 933. Dieser setzt zunächst den normalen Erwerbstatbestand des § 930, mit Ausnahme der Berechtigung, voraus. Dies ist der Fall, s.o.

Weiter müsste die Sache vom Veräußerer an den Erwerber übergeben worden sein. Da S offenbar noch nicht den Wagen an D abgeliefert hat, ist eine derartige Übergabe nicht erfolgt, so dass diese Voraussetzung des § 933 fehlt. Also hat D den Wagen nicht gutgläubig von S erworben. Damit hat X sein Eigentum nicht verloren und er ist nach wie vor Eigentümer.

Für einen Anspruch aus § 985 ist weiter erforderlich, dass D Besitzer ist. Wie oben festgestellt, ist D nicht unmittelbarer Besitzer, sondern nur mittelbarer Besitzer der Sache. Da jedoch mittelbarer Besitz für dieses Merkmal des § 985 ausreicht, wird die Voraussetzung des § 985 damit erfüllt. Also hat A gegen D, da ein Recht zum Besitz i.S.d. § 986 nicht ersichtlich ist, einen Anspruch auf Herausgabe der Sache aus § 985.

Dieser Anspruch geht jedoch entweder auf Abtretung des dem D gegen S zustehenden Herausgabeanspruchs oder aber auf Herausgabe der Sache, sobald D diese von S erlangt.

Ansprüche aus § 1007 Abs.1 setzen voraus, dass der Erwerber, hier D, bei Erwerb des Besitzes nicht in gutem Glauben war. Ob D im konkreten Fall gutgläubig war oder nicht, lässt sich dem Sachverhalt nicht entnehmen. Da S den Wagen an D veräußert, kann man davon ausgehen, dass alle zu einem normalen Veräußerungsvorgang notwendigen Handlungen vorgenommen wurden, also auch der Kfz-Brief ausgehändigt wurde. Damit sind Anhaltspunkte für eine Bösgläubigkeit des D nicht gegeben, ein Anspruch aus § 1007 Abs.1 scheidet schon deshalb aus.

Ein Anspruch aus § 1007 Abs.2 setzt voraus, dass die Sache dem früheren Besitzer, also X, abhanden kam. Dies lässt sich dem Sachverhalt nicht entnehmen, so dass auch ein Anspruch aus § 1007 Abs.2 ausscheidet.

Ein Anspruch aus § 861 setzt einen Besitzentzug zu Lasten des ursprünglichen Besitzers, also X, voraus. Auch dies lässt sich dem Sachverhalt nicht entnehmen.

X könnte jedoch gegen D einen Anspruch auf Herausgabe des Fahrzeuges aus § 812 Abs.1 S.1 haben.

Dann müsste D zunächst etwas erlangt haben. Wie geprüft, hat D den Besitz an dem Camper, nicht jedoch das Eigentum daran erlangt. Der Besitz ist aber ein ausreichender Bereicherungsgegenstand für § 812.

Diese Bereicherung müsste D durch Leistung des X, also durch bewusste und gewollte, zweckgerichtete Mehrung dessen Vermögens, erlangt haben. X hat jedoch lediglich S und nicht D den Besitz zugewendet, folglich fehlt es an einer zweckgerichteten, bewussten Mehrung des Vermögens von D. Eine Leistung ist daher nicht gegeben.

In Betracht kommt jedoch eine Bereicherung in sonstiger Weise. Insoweit ist jedoch der Grundsatz des Vorrangs der Leistungsbeziehungen zu beachten, wonach eine Nichtleistungskondiktion stets nur dann in Betracht kommt, wenn die Sache dem Bereicherten, also D, von niemandem geleistet wurde. Da S den mittelbaren Besitz bewusst durch Begründung eines Besitzmittlungsverhältnisses übertrug, er dadurch die vermögensmäßige Situation des D verbesserte und er handelte, um seinen Kaufvertrag mit D zu erfüllen, also zweckgerichtetes Handeln gegeben ist, liegen die Voraussetzungen für eine Leistung des S an D vor. Folglich scheidet eine Nichtleistungskondiktion des X gegen D aus.

X hat somit keinen Anspruch aus § 812 Abs.1 S.1 gegen D auf Herausgabe der Sache.

Ein Anspruch aus § 816 Abs.1 setzt für S.1 wie für S.2 voraus, dass die durch einen Nichtberechtigten getroffene Verfügung dem Berechtigten gegenüber wirksam ist. Nichtberechtigter ist in diesem Fall, wie festgestellt, S, Berechtigter, da Eigentümer, X. Die Verfügung des S, die gewollte Eigentumsübertragung auf D, ist jedoch nicht wirksam gewesen, s.o. Folglich fehlt es an einer wirksamen Verfügung, so dass ein Anspruch aus § 816 schon deshalb ausscheidet.

Ein Anspruch aus § 823 Abs.1 (i.V.m. § 249) soll aus didaktischen und Platzgründen hier nicht geprüft werden, wäre aber in einer Klausur zu erörtern!

§§§§§§§§§§§§§§§§§§§§§§§§§§§§§§§§

Lösungsvorschlag (Abwandlung)

X könnte gegen D einen Anspruch auf Herausgabe des Campers aus § 985 haben.

Dann müsste D zunächst Eigentümer des Campers sein. Wie oben im Fall 5 zuvor geprüft, war X ursprünglich Eigentümer und könnte sein Eigentum allenfalls durch gutgläubigen Erwerb des D von S verloren haben. Der normale Erwerbstatbestand ist gegeben, s. o. Weiter setzt ein gutgläubiger Erwerb nach § 933 jedoch voraus, dass der Gegenstand dem Erwerber, also D, vom Veräußerer, also S, übergeben wurde. Dies ist laut Sachverhalt diesmal der Fall.

Weitere Voraussetzung des § 933 ist, dass auch zur Zeit der Herausgabe der Sache an den Erwerber dieser in gutem Glauben ist. D hatte eine Woche vor Erhalt des Campers erfahren, dass nicht S, sondern X Eigentümer ist. Folglich war er zur Zeit der Übergabe nicht mehr gutgläubig. Daher scheidet ein gutgläubiger Erwerb nach § 933 wie im Ausgangsfall aus. Also hat X gegen D, wie oben, einen Herausgabeanspruch aus § 985.

Die Ansprüche aus § 812 Abs.1 S.1 und 816 scheitern aus den gleichen Gründen wie im Ausgangsfall.

§ 823 Abs.1 wäre auch hier zu prüfen und hier auch zu bejahen.

§§§§§§§§§§§§§§§§§§§§§§§§§§§§

Der Eigentumserwerb nach § 931

Auch im Fall des § 931 wird lediglich die Übergabe im Sinne des § 929 S.1 ersetzt, und zwar hier durch Abtretung eines Anspruchs auf Herausgabe der zu übereignenden Sache.

Die Voraussetzungen des § 931

1. Einigung
2. Sache steht im Besitz eines Dritten
3. Abtretung eines Anspruchs auf Herausgabe der Sache durch den Veräußerer an den Erwerber
4. Berechtigung des Veräußerers.

Der **Besitz des Dritten** umfasst jede Form des Besitzes und selbst **besitzlose Sachen** können nach herrschender Ansicht nach § 931 übereignet werden.
Vgl. Palandt-Bassenge, §931, 2.

Der erforderliche **Herausgabeanspruch**, den der Veräußerer abzutreten hat, wird sich meist aus einem BMV zwischen dem Veräußerer und dem unmittelbaren Besitzer der Sache ergeben.
Bsp.: V hat eine Sache an M vermietet. V veräußert die Sache an E, indem er diesem den Anspruch auf Herausgabe der Sache aus § 546 abtritt.

Die **Abtretung dieses Herausgabeanspruches** setzt ein Rechtsgeschäft nach §§ 398ff voraus, also einen Vertrag über den Übergang des Herausgabeanspruches.

Beachten Sie: Auf diese Abtretung finden die allgem. Regeln über Rechtsgeschäfte Anwendung, z.B. das Recht der Geschäftsfähigkeit, Stellvertretung, Anfechtung!

Wichtig: Es gilt das Abstraktionsprinzip zu beachten, denn die Abtretung ist das (selbständig zu beurteilende) Verfügungsgeschäft zu dem zugrunde liegenden Verpflichtungsgeschäft!

Folge der Abtretung ist, dass der Erwerber gem. § 870 den mittelbaren Besitz erhält. Besteht kein wirksamer Herausgabeanspruch, so ist weder die Übertragung des mittelbaren Besitzes noch die Abtretung des Herausgabeanspruches wirksam!

Fehlt es an einem BMV, stellt sich die Frage, ob andere Herausgabeansprüche ebenfalls für eine Eigentumsübertragung nach § 931 genügen können.

49

Merken Sie: **Der Herausgabeanspruch nach § 985 ist kein Anspruch im Sinne des § 931**

Begründung: Der Anspruch aus § 985 **kann nicht abgetreten werden**, denn er folgt aus bestehendem Eigentum, nicht dagegen folgt das Eigentum diesem Anspruch!
Palandt-Bassenge § 931, 3; Jauernig § 931,10.

Der **Herausgabeanspruch aus ungerechtfertigter Bereicherung** nach §§ 812 ff soll demgegenüber einen möglichen Anspruch für eine Abtretung im Sinne des § 931 darstellen. Insbesondere kommt er dann in Betracht, wenn das Besitzmittlungsverhältnis nicht wirksam begründet wurde und sich daher eine Bereicherungslage ergeben hat.

Bsp.: A hat B eine Sache geliehen. A veräußert die Sache an C, indem er seinen Herausgabeanspruch aus dem Leihvertrag (§ 604) an C abtritt. Es stellt sich heraus, dass der Leihvertrag infolge beschränkter Geschäftsfähigkeit des B unwirksam war. - Mangels bestehenden Leihvertrages hat A gegen B einen Herausgabeanspruch aus § 812 Abs.1 S.1, 1.Fall. Diesen kann er an C abtreten, der dadurch nach § 931 das Eigentum an der Sache erwirbt.

Ebenso sind Ansprüche aus § 823 i.V.m. mit § 249 S.1 sowie aus Geschäftsführung ohne Auftrag abtretbare Herausgabeansprüche im Rahmen des § 931.

Fraglich ist die Lage, wenn der Veräußerer weder der unmittelbare noch der mittelbare Besitzer ist und er keine tauglichen gesetzlichen Ansprüche für eine Abtretung im Rahmen des § 931 inne hat.

Bsp.: E einigt mit K über den Eigentumsübergang am auf dem Meersgrund liegenden Diamantring des E. – Es kann kein Herausgabeanspruch abgetreten werden, aber in diesem Fall genügt entgegen dem Wortlaut des § 931 die bloße Einigung, K ist Eigentümer geworden.

Steht ihm überhaupt kein Anspruch auf Herausgabe zu, so soll nach h.M. die bloße Einigung zwischen Veräußerer und Erwerber für § 931 genügen.
Palandt-Bassenge § 931, 3

Steht dem Veräußerer lediglich der Anspruch aus § 985 zu, so soll nach heute überwiegender Auffassung auch hier die bloße Einigung zwischen Veräußerer und Erwerber über den Übergang des Eigentums genügen, da er ja auch ganz ohne jeden Anspruch das Eigentum nach § 931 übertragen könnte (s.o.).
Str., vgl. Jauernig, § 931, 10 m.w.N.

Bsp.: Der zu übertragende Gegenstand ist besitzlos, z.B. verloren gegangen. Auch hier soll nach dieser Auffassung ein Erwerb nach § 931 möglich sein.

Beachten Sie: **Wenn der Dritte dem Veräußerer gegenüber ein Besitzrecht, z.B. aus Mietvertrag oder Leihvertrag, hatte, so wirkt dieses auch dem Erwerber gegenüber, § 986 Abs.2.**

Gutgläubiger Erwerb nach §§ 931, 934

Der gutgläubige Erwerb nach § 934 unterscheidet zwei Fälle:

1. Der Veräußerer ist mittelbarer Besitzer der zu veräußernden Sache.

Bsp.: V hat eine Sache des Eigentümers E an M vermietet. V übereignet die Sache an X, indem er diesem seinen Herausgabeanspruch aus dem Mietvertrag abtritt.

2. Der Veräußerer ist nicht mittelbarer Besitzer der zu übereignenden Sache.

Bsp.: Eigentümer E hat eine Sache an L verliehen. V veräußert diese Sache an K, indem er K vorspiegelt, er selbst habe L die Sache geliehen und er trete ihm nunmehr seinen Herausgabeanspruch aus § 604 aus dem Leihvertrag ab.

Die Voraussetzungen des § 934, 1.Fall

1. Voraussetzungen des normalen Erwerbstatbestandes nach § 931
2. Fehlende Berechtigung des Veräußerers
3. Veräußerer ist mittelbarer Besitzer der Sache
4. Gutgläubigkeit zum Zeitpunkt der Abtretung des Herausgabeanspruches
5. Kein Abhandenkommen der Sache.

Beachten Sie: Der Herausgabeanspruch muss wirklich bestehen. Ein vermeintlicher Herausgabeanspruch genügt auch für § 934 nicht!

Die Voraussetzungen des § 934, 2.Fall

1. Veräußerung nach § 931
2. Fehlende Berechtigung
3. Veräußerer ist nicht mittelbarer Besitzer der Sache
4. Besitzerlangung des Dritten an der Sache
5. Gutgläubigkeit zum Zeitpunkt des Besitzerlangens
6. Kein Abhandenkommen.

Unter **Besitzerlangung vom Dritten** versteht man die Erlangung zumindest mittelbaren Besitzes, die Erlangung unmittelbaren Besitzes ist nicht notwendig. So reicht vor allem auch die Begründung eines BMV zwischen dem Erwerber und dem Dritten.

Die Parteien müssen im Übrigen noch über den Eigentumsübergang einig sein, und zwar bei § 934, 1.Alt. zum Zeitpunkt der Abtretung des Herausgabeanspruches und bei Besitzerwerb im Falle des § 934, 2. Alternative.

Fall 6:

E hat eine Bohrmaschine an X verliehen. Dieser verleiht sie weiter an Z. Als X sie zurückerhalten möchte, erklärt Z, er werde die Maschine behalten und nicht herausgeben. Nunmehr veräußert X die Maschine an Y. Als E alles erfährt, fragt er nach seinen Ansprüchen auf Herausgabe.

Lösungsvorschlag

Ansprüche des E gegen Z

E könnte gegen Z einen Anspruch aus § 604 Abs.4 haben.

Dies setzt zunächst den Abschluss eines wirksamen Leihvertrages, hier zwischen E und X, voraus. Da E die Maschine an X verliehen hat, kann davon ausgegangen werden, dass die für einen solchen Vertragsschluss notwendigen Willenserklärungen abgegeben wurden.

Ferner ist die Beendigung der Leihe nach § 604 Abs.1 erforderlich. Grundsätzlich kann der Verleiher nach § 604 Abs.3 die Leihsache jederzeit zurückverlangen. Angesichts des Herausgabeverlangens von E wird man zumindest bei lebensnaher Auslegung des Sachverhaltes annehmen können, dass die Rückgabe auch gegenüber X als Vertragspartner begehrt wurde. Damit ist die Leihe beendet und daher kann der Verleiher, hier E, die Sache auch von einem Dritten, hier Z, nach § 604 Abs.4 zurückverlangen.

E könnte gegen Z einen Anspruch auf Herausgabe der Bohrmaschine aus § 985 haben.

Dann müsste zunächst Z Besitzer einer beweglichen Sache sein. Bei der Bohrmaschine handelt es sich um einen körperlichen Gegenstand, also um eine Sache im Sinne des § 90. Diese befindet sich bei Z, so dass dieser über sie die tatsächliche Sachherrschaft ausübt, also nach § 854 deren Besitzer ist.

Weiter müsste E Eigentümer sein. Da E mangels anderer Angaben zunächst Besitzer der Maschine gewesen sein dürfte, kann gem. § 1006 Abs.2 vermutet werden, dass E zu dieser Zeit Eigentümer der Sache war. Er könnte jedoch sein Eigentum an X verloren haben. Da er die Maschine aber nur X verlieh, fehlt es an der für eine Übereignung notwendigen Einigung.

Weiter könnte er sein Eigentum an Z verloren haben. Jedoch setzt auch dies eine Einigung zwischen ihm und Z voraus, woran es offenbar fehlt. Auch ein gutgläubiger Erwerb des Z von X würde eine Einigung zwischen X und Z über den Eigentumsübergang voraussetzen. Dies ist dem Sachverhalt ebenfalls nicht zu entnehmen.

Schließlich käme ein Eigentumsverlust an Y in Betracht. Zwar hat sich auch hier E nicht mit Y geeinigt, jedoch könnte sich aus dem Erwerb der Maschine durch Y von X ein Eigentumsverlust bei E ergeben. Zunächst ist dazu eine Einigung zwischen X und Y erforderlich. Da X die Maschine an Y veräußert, kann man davon ausgehen, dass alle für eine Eigentumsübertragung erforderlichen Willenserklärungen wirksam abgegeben wurden.

Weiter ist die Übergabe der veräußerten Sache notwendig. Die Maschine befindet sich nach wie vor bei Z, daher liegt keine Übergabe vor. Die fehlende Übergabe könnte jedoch durch ein Übergabesurrogat ersetzt worden sein. In Betracht kommt hier insoweit § 931.

Danach ist zunächst Voraussetzung, dass ein Dritter im Besitz der Sache ist. Da hier Z den unmittelbaren Besitz über die Sache ausübt, ist dies der Fall.

Weiter ist die Abtretung eines Herausgabeanspruches für einen Erwerb nach § 931 notwendig. In Betracht kommt hier die Abtretung eines Anspruches aus § 604. Zwischen X und Z ist offenbar ein Leihvertrag geschlossen worden, der nach § 604 den Entleiher zur Herausgabe der geliehenen Sache verpflichtet. Da sich dem Leihvertrag eine Leihzeit nicht entnehmen lässt, ist der Verleiher berechtigt, die Rückgabe jederzeit zu verlangen, § 604 Abs.3. Folglich besteht ein Herausgabeanspruch des X gegen Z. Diesen Anspruch hat X an Y abgetreten. Die Voraussetzungen des § 931 liegen daher insoweit vor, es bedarf für einen wirksamen Eigentumserwerb mithin nur noch der Berechtigung des Veräußerers. Da, wie oben geprüft, X jedoch nicht Eigentümer der Maschine geworden ist, und eine anderweitige Verfügungsbefugnis nicht ersichtlich ist, handelte X als Nichtberechtigter.

Die fehlende Berechtigung, die einem Erwerb nach § 931 entgegensteht, könnte jedoch nach Maßgabe der §§ 932 ff überwunden werden. In Betracht kommt hier zunächst ein Fall des § 934, 1.Alt. Der normale, für § 934 notwendige Erwerbstatbestand nach § 931 ist gegeben, s.o.

Ferner ist für § 934, 1.Fall erforderlich, dass der Veräußerer, hier X, mittelbarer Besitzer der Sache ist. Ursprünglich war X zwar angesichts des zwischen ihm und Z vereinbarten Leihvertrages mittelbarer Besitzer, jedoch hat Z ihm zu verstehen gegeben, dass er die Sache nicht zurückgeben werde. Daraus ergibt sich, dass der für ein Besitzmittlungsverhältnis erforderliche Fremdbesitzerwille spätestens seit dieser Zeit bei Z nicht mehr vorhanden war, damit fehlt es an einem Merkmal eines Besitzmittlungsverhältnisses, folglich ist dieses später weggefallen, so dass X nicht mehr mittelbarer Besitzer ist. Damit liegt kein Fall des § 934, 1.Fall vor.

In Betracht kommt jedoch ein gutgläubiger Erwerb nach § 934 2. Fall. Danach ist Voraussetzung, dass der Erwerber, hier also Y, von dem Veräußerer, der nicht mittelbarer Besitzer ist, hier also X, den unmittelbaren Besitz erlangt. Da Z nach wie vor im Besitz der Sache ist, ist eine Erlangung unmittelbaren Besitzes durch Y hier nicht gegeben.

Y könnte aber mittelbaren Besitz erworben haben. Dies würde die Begründung eines Besitzmittlungsverhältnisses zwischen ihm und dem unmittelbaren Besitzer, Z, voraussetzen. Da dem Z jedoch der dafür notwendige Fremdbesitzerwillen fehlt (s.o.), ist mangels Besitzmittlungsverhältnisses Y auch nicht mittelbarer Besitzer.

Damit scheidet eine Überwindung der Nichtberechtigung des X auch nach § 934, 2.Fall aus. Somit hat Y kein Eigentum erworben, E sein Eigentum daher nicht verloren, E ist also nach wie vor Eigentümer.

Da eigene Gegenrechte des Z hier nicht ersichtlich sind, scheidet ein Recht zum Besitz nach § 986 Abs.1 S.1, 1.Fall aus. Da X von Z die Herausgabe der Sache verlangt, hat er die Leihe gemäß § 604 Abs.3 beendet, so dass auch ein abgeleitetes Recht zum Besitz seitens des Z nicht in Betracht kommt.

Also hat E gegen Z einen Anspruch auf Herausgabe der Bohrmaschine aus § 985.

E könnte gegen Z einen Anspruch aus § 1007 Abs.1 auf Herausgabe der Maschine haben. Dies setzt jedoch voraus, dass Z beim Besitzerwerb bösgläubig hinsichtlich der Besitzberechtigung des X war. Etwas Derartiges lässt sich dem Sachverhalt nicht entnehmen. Da der Besitz dem E auch nicht abhanden kam, scheidet ein Anspruch nach § 1007 Abs.2 ebenfalls aus.

Einem Anspruch aus § 861 steht entgegen, dass E willentlich den unmittelbaren Besitz durch die Leihe mit X aufgab, so dass keine verbotene Eigenmacht gegenüber E verübt wurde.

E könnte gegen Z Anspruch auf Rückübertragung des Besitzes aus § 812 Abs.1 haben.

Eine Leistungskondiktion scheidet mangels einer Leistung von E an Z jedenfalls aus. Da der Besitz an der Bohrmaschine dem Z jedoch im Rahmen des Leihvertrages mit X von diesem gewollt übertragen, also durch bewusste zweckgerichtete Mehrung seines Vermögens zugewendet wurde, liegt eine Leistung von X an Z vor. Daher ist der Gegenstand Z geleistet worden, so dass nach dem Grundsatz des Vorrangs der Leistungsbeziehungen eine Nichtleistungskondiktion des E gegenüber Z nicht zulässig ist.

Ansprüche des E gegen Y

E könnte gegen Y einen Anspruch aus § 985 auf Herausgabe der Maschine haben. Dies würde jedoch voraussetzen, dass Y Besitzer der Maschine geworden ist. Da er weder unmittelbarer Besitzer noch, mangels Besitzmittlungsverhältnisses, mittelbarer Besitzer wurde, fehlt es an dieser Voraussetzung, so dass E keinen Anspruch aus § 985 gegen Y hat.

Auch Ansprüche aus §§ 861 und 1007 Abs.1 und 2 scheiden mangels unmittelbaren Besitzes auf Seiten des Y aus.

E könnte jedoch einen Anspruch auf Herausgabe der Maschine gegen Y aus § 812 Abs.1 S.1 haben. Mangels Leistung des E an Y kommt insoweit allenfalls eine Nichtleistungskondiktion in Betracht. Diese ist jedoch nach dem Grundsatz des Vorrangs der Leistungsbeziehungen ausgeschlossen, wenn der Bereicherungsgegenstand dem Y von dritter Seite geleistet wurde. Fraglich ist, ob dem Y ein vermögenswerter Gegenstand geleistet wurde. In Betracht kommt hier die Zuwendung des Herausgabeanspruches, den X gegen Z hatte. Da X mit Z ein Leihverhältnis begründete, und ihm aus diesem ein Herausgabeanspruch aus § 604 zustand (s.o.), konnte er diesen wirksam an Y abtreten. Damit erlangte Y eine vermögenswerte Position, also eine Vermögensmehrung.

Weiter ist für eine Leistung das Bewusstsein der Vermögensmehrung und deren Zweckgerichtetheit erforderlich. Da X die Zuwendung zur Erfüllung des zwischen ihm und Y geschlossenen Kaufvertrages tätigte, sind beide Voraussetzungen erfüllt. Also hat X an Y eine Leistung erbracht. Der Gegenstand dieser Leistung wäre auch der Gegenstand der betreffenden Nichtleistungskondiktion des E, so dass diese nach dem oben genannten Grundsatz des Vorranges der Leistungsbeziehungen ausscheidet.

Ansprüche des E gegen X

E könnte gegen X Anspruch auf Herausgabe der Maschine aus § 604 haben.

Da X jedoch nicht mehr im Besitz der Maschine ist, wird X nach § 275 frei von der Leistung. Die Ansprüche des E wandeln sich in Sekundäransprüche, die jedoch nicht Gegenstand der Fallfrage sind. Folglich hat E keinen Anspruch gegen X aus § 604.

E könnte jedoch gegen X einen Anspruch auf Herausgabe aus § 985 haben. Dies setzt voraus, dass X Besitzer ist. Wie oben geprüft, ist X jedoch weder unmittelbarer noch mittelbarer Besitzer, so dass es bereits an dieser Voraussetzung fehlt. E hat daher keinen Anspruch gegen X aus § 985.

Angesichts fehlenden Besitzes bei X scheiden Ansprüche aus §§ 861 und 1007 aus.

E könnte jedoch gegen X Ansprüche aus § 812 auf Herausgabe der Sache haben.

Dazu müsste X zunächst etwas erlangt haben. Durch den Leihvertrag mit E erlangte X den unmittelbaren Besitz an der Sache, also eine vermögenswerte Position.

Dies geschah bewusst und zum Zweck der Erfüllung des zuvor abgeschlossenen Leihvertrages und führte zu einer Vermehrung des Vermögens bei X, also lag eine Leistung des E vor.

Schließlich müsste der rechtliche Grund für diese Leistung gefehlt haben. Da zum Zeitpunkt der Zuwendung jedoch ein wirksamer Leihvertrag zwischen den Parteien bestand, handelten sie nicht ohne Rechtsgrund. Jedoch ist mit der Beendigung der Leihe (s.o.) dieser rechtliche Grund später weggefallen, so dass ein Fall des § 812 Abs.1 S.2, 1. Fall vorliegt.

Damit hat E gegen X einen Anspruch auf Herausgabe der Maschine aus § 812 Abs.1 S.2, 1.Fall. Allerdings kann X diesen Anspruch nicht in natura erfüllen, sondern muss nach Maßgabe des § 818 Abs.2 Wertersatz leisten.

E könnte gegen X einen Anspruch aus § 816 Abs.1 S.1 haben.

Dann müsste zunächst eine Verfügung eines Nichtberechtigten vorgelegen haben. Da X, wie oben festgestellt, nicht Berechtigter war, ist diese Voraussetzung erfüllt.

Weiter müsste X verfügt haben. Darunter versteht man jede Einwirkung auf ein dingliches Recht, so insbesondere auch dessen Übertragung. Da X hier eine Übereignung mit Y anstrebte, liegt eine Verfügung vor.

Schließlich müsste die Verfügung gegenüber dem Berechtigten wirksam sein. Da, wie geprüft, ein gutgläubiger Erwerb seitens des Y jedoch nicht eintrat, war die Verfügung des X dem E gegenüber nicht wirksam, so dass ein Anspruch aus § 816 Abs.1 S.1 deshalb ausscheidet.

Auf die Darstellung der Ansprüche aus § 823 Abs.1 i.V.m. § 249 wird aus Platzgründen hier verzichtet. Sie wären aber in einer Klausur zu erörtern!

§§§§§§§§§§§§§§§§§§§§§§

Gutgläubig lastenfreier Erwerb nach § 936

Oft sind Sachen, die jemand veräußert, mit Rechten Dritter belastet. Es stellt sich dann die Frage, wie weit diese Rechte durch die Veräußerung berührt werden, also ob der Rechtsinhaber auch dem Erwerber gegenüber seine Rechtsstellung behaupten kann, oder aber ob der Erwerber den Gegenstand frei von Belastungen, und damit auch frei von den Rechten Dritter, erwerben kann. Diese Fälle regelt § 936. Die Regelung des § 936 knüpft eng die Vorschriften des § 929 an. So unterscheidet die Vorschrift zwischen einem Erwerb nach § 929 S.1, einem Fall des Erwerb nach § 929 S.2 und Erwerbsfällen nach §§ 930 und 931.

Voraussetzungen des gutgläubig lastenfreien Erwerbs nach § 936 Abs.1 S.1

1. Eigentumserwerb an einer Sache nach § 929 Satz 1
2. Die Sache ist mit dem Recht eines Dritten behaftet
3. Der Erwerber ist gutgläubig im Hinblick auf die Lastenfreiheit der erworbenen Sache.

Es ist gleichgültig, ob dabei der Erwerber vom Berechtigten oder Nichtberechtigten erwirbt. Ebenso ist unerheblich, welcher Art die Belastung ist. Für die Frage der Gutgläubigkeit gelten die Regeln für den Eigentumserwerb nach § 932 Abs.2 entsprechend.

Wiederholungsfragen zum 4. Kapitel

1. Wie wird beim Eigentumserwerb unterschieden?

rechtsgeschäftlicher/gesetzlicher Eigentums-erwerb

2. Wo ist der rechtsgeschäftliche Eigentumserwerb geregelt?

in §§ 929 ff

3. Was regeln die §§ 929 ff?

Erwerb an beweglichen Sachen

4. Voraussetzungen des § 929 S.1?

Einigung, Übergabe, Berechtigung

5. Was ist die Einigung?

ein sachenrechtlicher Vertrag

6. Welche Regeln gelten für sie?

Vorschriften des AT über WE usw.

7. Wovon ist die Einigung zu trennen?

vom schuldrechtlichen Verpflichtungsgeschäft

8. Was ist Gegenstand der Einigung?

eine bestimmte Sache, keine Sachgesamtheit

9. Was bedeutet Übergabe?

Übertragung des unmittelbaren Besitzes

10. Besonderheit beim Besitzdiener?

hat selbst keinen unmittelbaren Besitz

11. Was ist bei Einschaltung Dritter auf Veräußererseite notwendig?

Verlust jeglichen Besitzes

12. Was auf Erwerberseite?	Erlangung mindestens mittelbaren Besitzes
13. Was ist bei Einschaltung eines mittelbaren Besitzers zur Besitzübertragung notwendig?	mittelbarer Besitzer überträgt auf Veranlassung des Veräußerers den Besitz auf den Erwerber
14. Was ist eine Geheißperson?	jemand, der Besitz an der Sache hat und auf Veranlassung des Veräußerers/ Erwerbers Besitz überträgt/empfängt
15. Unterschied mittelbarer Besitzer/ Geheißperson?	bei Geheißpersonen besteht kein BMV zum Hintermann
16. Wo kann eine Geheißperson eingeschaltet werden?	sowohl auf Seiten des Erwerbers wie des Veräußerers
17. Wie wirkt sich die Stellvertretung auf die Besitzübertragung aus?	überhaupt nicht
18. Wann ist das Einigsein nur zu behandeln?	wenn Hinweise vorliegen, dass es fehlt
19. Ist Widerruf der Einigung möglich?	streitig, überwiegend ja
20. Wer ist grundsätzlich Berechtigter?	der Eigentümer
21. Wer ist außerdem Berechtigter?	wer Verfügungsbefugnis hat
22. Häufiger Fall der Verfügungsbefugnis?	Ermächtigung nach § 185
23. Was ist zu prüfen, wenn es an der Berechtigung fehlt?	gutgläubiger Erwerb nach §§ 932 ff
24. Voraussetzungen des § 932 Abs.1 S.1?	normaler Erwerbstatbestand, fehlende Berechtigung, guter Glaube, kein § 935
25. Was ist der normale Erwerbstatbestand im Fall des § 932 Abs.1 S.1?	Voraussetzungen des § 929 S.1 mit Ausnahme der Berechtigung
26. Worauf bezieht sich der gute Glaube?	auf die Eigentümerstellung des Veräußerers
27. Was ist also grundsätzlich nicht geschützt?	guter Glaube an die Verfügungsbefugnis
28. Was ist Abhandenkommen?	Verlust des unmittelbaren Besitzes ohne oder gegen den Willen des Besitzers
29. Voraussetzungen des § 929 S.2?	Einigung, Erwerber ist Besitzer, Berechtigung
30. Welche Besitzform muss Erwerber aufweisen?	mittelbarer oder unmittelbarer
31. Ist Übereignung nach § 929 S.2 an Besitzdiener möglich?	nein, da der Besitzdiener keinen Besitz hat
32. Gutgl. Erwerb zu § 929 S.2?	§ 932 Abs.1 S.2
33. Voraussetzungen des gutgläubigen Erwerbs nach Satz 2?	normaler Erwerbstatbestand, fehlende Berechtigung, Besitzerwerb vom Veräußerer, Gutgläubigkeit, kein § 935
34. Voraussetzungen des § 930?	Einigung, Eigentümer hat Besitz, Vereinbarung eines BMV, Berechtigung

35.	Welche Besitzform ist für den Eigentümer nötig?	mittelbarer oder unmittelbarer Besitz
36.	Was ist für das BMV nicht erforderlich?	Wirksamkeit
37.	Was muss jedoch noch vorhanden sein?	Herausgabeanspruch des Erwerbers, Fremdbesitzerwille des Veräußerers
38.	Was ist beim BMV möglich?	Vorweggenommenes BMV
39.	Was ist beim vorweggenommenen BMV erforderlich?	hinreichende Bestimmtheit, um welche Sache es geht
40.	Was muss für den Eigentumserwerb beim vorweggenommenen BMV gegeben sein?	alle Voraussetzungen des § 930
41.	Voraussetzungen des § 933?	Erwerbstatbestand nach § 930, fehlende Berechtigung, Übergabe der Sache Veräußerer/Erwerber, guter Glaube, kein § 935
42.	Was ist unter Übergabe i.S.d. § 933 zu verstehen?	Besitzübertragung i.S.d. § 929 S.1
43.	Voraussetzungen des § 931?	Einigung, Abtretung eines Herausgabeanspruches, Berechtigung
44.	Woraus ergibt sich der Herausgabeanspruch meistens?	aus dem BMV
45.	Wie ist die Lage, wenn kein wirksamer Herausgabeanspruch besteht?	keine Abtretung möglich
46.	Kommen auch andere Herausgabeansprüche als aus BMV in Betracht?	ja, aus gesetzlichen Schuldverhältnissen
47.	Welche sind das, welche nicht?	§§ 812 ff, nicht aber § 985
48.	Wie ist beim gutgläubigen Erwerb nach § 934 zu unterscheiden?	ob der Veräußerer mittelbarer Besitzer war oder nicht
49.	Voraussetzungen des § 934, 1.Fall?	Veräußerung nach § 931, fehlende Berechtigung, Veräußerer war mittelbarer Besitzer, Gutgläubigkeit, kein § 935
50.	Wann muss Gutgläubigkeit bestehen?	zur Zeit der Abtretung
51.	Voraussetzungen des § 934, 2.Fall?	Veräußerung nach § 931, fehlende Berechtigung, Veräußerer nicht mittelbarer Besitzer, Besitzerlangung, guter Glaube, kein § 935
52.	Von wem muss Besitz erlangt werden?	vom Dritten, also dem Besitzer der Sache
53.	Wann muss Gutgläubigkeit bestehen?	zum Zeitpunkt der Besitzerlangung
54.	Voraussetzungen des § 936?	Eigentumserwerb nach § 929 S.1, Belastung der Sache, Gutgläubigkeit

Zur Vertiefung empfohlen:

Rauda / Zenthöfer, 25 Fälle, Sachenrecht, Fälle 5 und 7.

5. Kapitel
Gesetzlicher Eigentumserwerb

Eigentumserwerb durch Verbindung, Vermischung, Verarbeitung gem. §§ 946 ff.

Die §§ 946 ff enthalten die wichtigsten Fälle gesetzlichen Eigentumserwerbs an beweglichen Sachen. Bei diesen kommt es weder auf die Gutgläubigkeit des Erwerbers noch auf das Vorliegen eines Übereignungsvertrages an.

Das Gesetz unterscheidet in §§ 946 ff vier Fälle des gesetzlichen Eigentumserwerbs:

> § 946 die sog. Grundstücksverbindung
> § 947 die sog. Fahrnisverbindung
> § 948 die sog. Vermischung/Vermengung von Fahrnis
> § 950 die Verarbeitung

Der Eigentumserwerb durch Grundstücksverbindung nach § 946

Voraussetzungen des Eigentumserwerbs nach § 946

1. Verbindung einer beweglichen Sache mit einem Grundstück
2. die bewegliche Sache wird wesentlicher Bestandteil des Grundstücks

Rechtsfolge: Der Eigentümer des Grundstücks erwirbt mit der Verbindung das Eigentum an der beweglichen Sache

Die Verbindung der Sache mit dem Grundstück ist Realakt, Geschäftsfähigkeit ist nicht erforderlich, Stellvertretung nicht möglich. Wie es zur Verbindung gekommen ist, ist unerheblich, sie kann auch durch höhere Gewalt geschehen!
Sachen sind nach § 90 alle körperlichen Gegenstände.

Beweglich sind diese Sachen, wenn sie weder Grundstücke noch Grundstücksbestandteile sind.

Ob eine Sache **wesentlicher Bestandteil eines Grundstückes** (oder Gebäudes) ist, bestimmt sich nach § 94. Der § 94 baut auf § 93 auf, der die grundsätzliche Regelung für wesentliche Bestandteile (von beweglichen Sachen wie von Grundstücken) enthält.

59

Bestandteile sind Teile einer einheitlichen Sache. Ob es sich um eine einheitliche Sache handelt oder um eine Sachmehrheit, also mehrere einzelne selbständige Sachen, ist nach Verkehrsanschauung im Einzelfall zu entscheiden.

Handelt es sich um Bestandteile, ist weiter zwischen wesentlichen und unwesentlichen Bestandteilen zu unterscheiden. § 93 regelt, dass **wesentliche Bestandteile** vorliegen, wenn die Bestandteile nicht voneinander getrennt werden können, ohne dass der eine oder der andere Teil zerstört oder in seinem Wesen verändert wird. Dabei kommt es auf die einzelnen Bestandteile an, nicht darauf, ob nach Trennung die Gesamtsache im Wesen verändert wird.

> *Bsp.: Der Austauschmotor eines Fahrzeugs ist kein wesentlicher Bestandteil. Zwar wird durch Ausbau eines solchen Motors aus einem Fahrzeug die Gesamtsache (Fahrzeug mit Motor) in ihrem Wesen verändert, jedoch bestehen beide Einzelteile, Fahrzeug ohne Motor wie Austauschmotor in ihrem Wesen unverändert fort.*

§ 93 ist damit Ausdruck des gesetzgeberischen Grundgedankens, wirtschaftliche Einheiten nicht zu zerschlagen. Aus der Regelung des § 93 folgt weiter, dass **unwesentliche Bestandteile** demnach solche sind, die ohne Wesensveränderung oder Zerstörung voneinander getrennt werden können. Sie können, anders als die wesentlichen Bestandteile, Gegenstand besonderer Rechte sein.

Eine **Ausnahme** soll jedoch dann gelten, wenn eine Einzelsache durch einen Einbau in einer anderen Sache völlig in dieser wesensmäßig aufgeht.

> *Bsp.: Schrauben, Muttern, Hebel und andere Kleinteile einer Maschine, zu deren Existenz sie eingebaut wurden.*

Von diesen Grundsätzen, die sowohl für Fahrnis, wie für Grundstücke gelten, weicht die Regelung des § 94 teilweise ab. Danach handelt es sich nur dann um wesentliche Bestandteile eines Grundstückes, wenn die Sachen entweder fest mit Grund und Boden verbunden sind (§ 94 Abs.1 S.1) oder sie zur Herstellung des Gebäudes eingefügt wurden (§ 94 Abs.2).

Damit erweitert § 94 den Begriff des wesentlichen Bestandteils, indem eine Zerstörung oder Wesensveränderung nicht zwingend vorausgesetzt wird.

Eine **feste Verbindung** nach Abs.1 S.1 ist gegeben, wenn die Trennung entweder unverhältnismäßig teuer wäre oder die verbundenen Teile erheblich beschädigt würden.

Zur Herstellung eingefügt ist eine Sache, wenn das Gebäude ohne sie nach der Verkehrsanschauung nicht fertig gestellt wäre. In Betracht kommen vor allem neben dem reinen Baumaterial solche Gegenstände, die dem Bauwerk sein eigenes Gepräge geben. *Bsp.: Heizungsanlagen, besonders auf das Gebäude abgestimmte Maschinen.*

Eine feste Verbindung dieser Gegenstände mit Grund und Boden ist nicht erforderlich! Als Sonderfälle sind in Abs.1 S.1 Gebäude als wesentliche Bestandteile aufgeführt.

Beachten Sie: **Fehlt es an einer festen Verbindung oder liegt ein Fall des § 95 vor, so ist das Gebäude kein Grundstücksbestandteil.**

§ 94 Abs.2 lässt die eingefügten Gegenstände lediglich zu wesentlichen Bestandteilen des Gebäudes werden. Sofern dieses nach Abs.1 wesentlicher Bestandteil eines Grundstückes ist, so werden auch die eingefügten Gegenstände mittelbar zu Grundstücksbestandteilen.

Keine Bestandteile und damit auch keine wesentlichen Bestandteile, sind **Scheinbestandteile**. Nach § 95 Abs.1 S.1 liegen Scheinbestandteile vor, wenn Sachen nur zu einem vorübergehenden Zweck mit Grund und Boden verbunden sind. Aus der Formulierung dieser Vorschrift folgt, dass es maßgeblich auf den Willen zum Zeitpunkt der Verbindung ankommt, sofern er sich mit den Realitäten vereinbaren lässt. Bei Mietern und Pächtern kann grundsätzlich davon ausgegangen werden, dass sie die Gegenstände nur zu einem vorübergehenden Zweck verbinden. Eine spätere Zweckänderung soll grundsätzlich einen Scheinbestandteil nicht zu einem Bestandteil oder gar einem wesentlichen Bestandteil werden lassen. Zur Übereignung soll ein Rechtsgeschäft nach §§ 929, 930 notwendig sein!

Auch **Zubehör** nach § 97 ist kein Bestandteil.

Die **Rechtsfolge** - Eigentumserwerb durch den Eigentümer des Grundstücks - lässt sich nicht abbedingen, so dass § 946 insbesondere dann Bedeutung erlangt, wenn unter Eigentumsvorbehalt geliefertes Baumaterial verbaut wird.

Fall 7:

D entwendet Fenster bei E, die er an U veräußert. U baut die Fenster bei B ein. E verlangt Herausgabe der Fenster von B. Zu Recht?

Lösungsvorschlag

E könnte einen Anspruch auf Herausgabe der Fenster aus § 985 gegen B haben.

Dann müsste E zunächst Eigentümer der Fenster sein. Da sich diese zunächst offenbar bei E befanden, kann gem. § 1006 Abs.2 davon ausgegangen werden, dass die Fenster ursprünglich im Eigentum des E standen. Er könnte das Eigentum daran jedoch verloren haben. In Betracht käme zunächst ein Verlust infolge des Diebstahls durch D. Für eine Eigentumsübertragung nach § 929 ist jedoch stets eine Einigung zwischen den beteiligten Parteien erforderlich, daran fehlt es hier. Daher ist ein Eigentumsverlust durch den Diebstahl schon deshalb ausgeschlossen.

Ein Eigentumsverlust käme jedoch durch die Veräußerung an U in Betracht. Die erforderliche Einigung zwischen U und D ist gegeben, ebenso die Übergabe. Da D jedoch nicht das Eigentum an den Fenstern erlangt hat, fehlt ihm die zur Übereignung notwendige Berechtigung. Diese fehlende Berechtigung könnte jedoch nach § 932 überwunden werden. Da der Besitz an der Sache dem E jedoch ohne Willen entzogen wurde, ist ihm die Sache abhanden gekommen, so dass ein gutgläubiger Erwerb gem. § 935 ausgeschlossen ist. Ein Eigentumsverlust durch die Veräußerung an U scheidet daher aus.

In Betracht kommt schließlich aber ein Eigentumsverlust an B. Eine rechtsgeschäftliche Eigentumsübertragung B/U scheitert auch hier an § 935. Jedoch käme ein Eigentumserwerb des B nach § 946 in Betracht. Voraussetzung dafür ist zunächst, dass eine Verbindung einer beweglichen Sache mit einem Grundstück vorliegt. Bei den Fenstern handelt es sich um bewegliche Sachen, bei dem Gebäude um eine unbewegliche Sache und die erforderliche Verbindung beider liegt mit dem Einbau vor.

Die bewegliche Sache, also das Fenster, müsste durch die Verbindung wesentlicher Bestandteil des Grundstückes geworden sein. Wann eine Sache Bestandteil ist, regeln die §§ 93 ff. Dabei enthält § 93 den Grundsatz und § 94 eine Sondervorschrift für die Verbindung beweglicher Sachen mit Grundstücken. Nach § 94 Abs.2 liegt ein wesentlicher Bestandteil eines Grundstückes dann vor, wenn die bewegliche Sache zur Herstellung eines mit dem Grund und Boden fest verbundenen Gebäudes eingefügt wird. Dies ist dann der Fall, wenn die beweglichen Sachen zur Fertigstellung des Gebäudes nach der Verkehrsanschauung erforderlich sind. Die hier in Frage stehenden Fenster gehören grundsätzlich zu einem funktionsfähigen Gebäude, dienen also der Fertigstellung und sind daher zum Zwecke der Herstellung eingefügt. Es handelt sich somit nach § 94 Abs.2 bei den Fenstern um wesentliche Bestandteile des Gebäudes. Damit liegen die Voraussetzungen des § 946 vor, so dass B Eigentum an den Fenstern kraft dieser Vorschrift erworben hat. Damit hat E sein Eigentum jedoch verloren, ein Anspruch aus § 985 auf Herausgabe der Fenster gegen E scheidet somit aus.

E könnte jedoch gegen B einen Anspruch auf Herausgabe der Fenster aus § 861 haben.

Dann müsste B den Besitz durch verbotene Eigenmacht erlangt haben. Verbotene Eigenmacht des B ist nicht ersichtlich. Durch den Diebstahl hat D jedoch dem E den Besitz ohne dessen Willen entzogen, also verbotene Eigenmacht i.S.d. § 858 Abs.1 verübt. Ein Besitzentzug durch verbotene Eigenmacht ist also gegeben.

Weiter müsste der Anspruchsgegner, also hier B, fehlerhaft besitzen. Der fehlerhafte Besitz regelt sich nach § 858 Abs.2. Fehlerhafter Besitzer ist danach derjenige, der die verbotene Eigenmacht verübte, also D und nicht B. Jedoch wirkt der fehlerhafte Besitz auch gegen einen Rechtsnachfolger, § 858 Abs.2. Voraussetzung dafür ist jedoch, dass der Nachfolger beim Besitzerwerb die Fehlerhaftigkeit des Besitzes seines Besitzvorgängers kannte. Hinweise darauf gibt der Sachverhalt jedoch nicht, so dass B die Fehlerhaftigkeit des Besitzes nicht gegen sich gelten lassen muss. Damit liegen die Voraussetzungen des § 861 nicht vor. Folglich hat E keinen Anspruch aus § 861 gegen B auf Herausgabe der Fenster.

§§§§§§§§§§§§§§§§§§

Eigentumserwerb durch Fahrnisverbindung nach § 947

Auch hier kommt es darauf an, dass bewegliche Sachen durch Verbindung wesentliche Bestandteile einer einheitlichen Sache werden.

Voraussetzungen des § 947

1. Verbindung beweglicher Sachen miteinander
2. Verbundene Sachen werden wesentliche Bestandteile einer einheitlichen Sache.

Rechtsfolge: **Die bisherigen Eigentümer der Einzelsachen werden Miteigentümer dieser einheitlichen Sache**

Nach § 947 Abs.1 2.HS bestimmen sich ihre Miteigentumsanteile nach dem Wert, den die Sachen vor Verbindung jeweils gehabt haben. Eine Ausnahme dazu beinhaltet § 947 Abs.2. Sofern eine der verbundenen Sachen als die Hauptsache anzusehen ist, erwirbt deren Eigentümer das Alleineigentum an der neuen einheitlichen Sache.

Was dabei als Hauptsache anzusehen ist, bestimmt sich nach der Verkehrsanschauung. Die Rechtsprechung stellt dabei darauf ab, ob die übrigen Bestandteile fehlen könnten, ohne dass dadurch das Wesen der (Haupt-)Sache beeinträchtigt würde.

Näher dazu: Diehn, Jur. Streitstände Sachenrecht, Streitstand 52

Ebenfalls problematisch ist die Anwendung des § 947 Abs.2 auf Geld.

Siehe dazu: Diehn, Jur. Streitstände Sachenrecht, Streitstand 53

Die Vermischung nach § 948

Die Voraussetzungen des § 948

1. bewegliche Sachen
2. Vermischung oder Vermengung der Sachen
3. die Vermischung/Vermengung ist untrennbar
   oder die Trennung unverhältnismäßig teuer

Rechtsfolge der Vermischung: **Erwerb von Miteigentum im Sinne der §§ 1008 ff, 741 ff**

Von **Vermischung** spricht man, wenn es sich um Gase oder Flüssigkeiten handelt, von **Vermengung** dagegen bei einer Vielzahl fester Körper, z.B. Kohlen, Obststücken. Ebenfalls unter § 948 fällt die Vermengung von Geldstücken und Geldscheinen.

Rechtsfolge des § 948 ist die entsprechende Anwendung des § 947, der seinerseits auf das Miteigentum verweist. Nach überwiegender Ansicht ist auch die Vorschrift des § 947 Abs.2 entsprechend anzuwenden.

Bsp.: A schüttet ein Glas Wein (0,1 l) in ein 100 l Fass Wein des B.

Die Verarbeitung nach § 950

Die Verarbeitung ist der wohl wichtigste und klausurträchtigste Fall der §§ 946 ff.

Die Voraussetzungen der Verarbeitung

1. Verarbeitung oder Umbildung eines oder mehrerer Stoffe
2. Ergebnis der Verarbeitung ist eine neue bewegliche Sache
3. derjenige, der das Eigentum nunmehr beansprucht, ist als Hersteller anzusehen

Rechtsfolge der Verarbeitung: gesetzlicher Eigentumserwerb des Herstellers der neuen Sache

Ausnahme: nach § 950 Abs.1 S.1, 2.HS erwirbt der Hersteller dann nicht das Eigentum an der neuen Sache, wenn der Wert der Verarbeitung (oder der Umbildung) erheblich geringer ist als der Wert des Stoffes, an dem die Verarbeitung vorgenommen wurde.

Eine Verarbeitung/Umbildung setzt voraus, dass durch menschliches Handeln auf einen Stoff eingewirkt wurde. Veränderungen durch höhere Gewalt fallen nicht unter den Begriff der Verarbeitung. Beispiele für Verarbeitungen sind in § 950 Abs.1 S.2 aufgezählt.

Ob das **Ergebnis der Verarbeitung eine neue Sache** ist oder nicht, bestimmt sich nach wirtschaftlichen Gesichtspunkten unter Berücksichtigung der Verkehrsauffassung. Indizien für das Entstehen einer neuen Sache sind vor allem andere Bezeichnungen in der Umgangssprache, neue Erscheinungsbilder usw. Abstrakt ist darauf abzustellen, ob die Verarbeitung das Wesen des verarbeiteten Stoffs verändert hat.

Bsp.: Stoffe - Kleidungsgegenstände; Leder - Schuhe; Holz - Möbel; Ton - Krüge

Keine neue Sache dagegen bei Auffüttern eines Tieres, z.B. Kalb - Kuh, oder Reparatur von Sachen, z.B. Beseitigung eines Unfallschadens bei einem Kfz.

Wer **Hersteller der neuen Sache** ist, bestimmt sich grundsätzlich nach der Verkehrsauffassung. Entscheidend ist, wem ein objektiver Dritter die Organisationshoheit über den Prozess zusprechen würde.

Umstritten ist in diesem Zusammenhang, ob die Parteien frei bestimmen können, wer als Hersteller anzusehen ist. Siehe dazu näher unten.

Ausnahmsweise erwirbt nicht der Hersteller Eigentum an der neuen Sache, sondern der Eigentümer des Stoffes, wenn der Wert der Verarbeitung erheblich geringer ist als der Wert des Stoffes. Für diesen Wertevergleich ist wie folgt vorzugehen:

1. Bestimmen des Verarbeitungswertes

Der Verarbeitungswert ergibt sich aus dem Wert der neuen Sache abzüglich des Wertes der Ausgangsstoffe. Der Verarbeitungswert ist also der in der neuen Sache verkörperte Wert der Arbeitsleistung.

2. Wertvergleich

Bsp.: A verarbeitet Materialien des B im Wert von 1.000,00 €. Das neue Produkt weist einen Wert von 1.600,00 € auf. Der Verarbeitungswert ist mithin 1.600,00 € - 1.000,00 € = 600,00 €. - Bei einem solchen Wertverhältnis von 10 : 6 hat der BGH, BGHZ 56, 88, angenommen, es liege ein erheblich geringerer Arbeitswert vor, ein Eigentumserwerb des Verarbeiters scheidet danach aus.

Nach überwiegender Ansicht ist § 950 zwingender Natur, also nicht abdingbar.
Palandt-Bassenge, 950, 1 m.w.N.; a.A. Baur, § 53, 15 mit Nachweisen zum Meinungsstand.

Umstritten ist jedoch, ob und inwieweit die Parteien frei vereinbaren können, wer als Hersteller anzusehen ist. Damit bliebe es zwar grundsätzlich bei der Anwendung des § 950, faktisch können die Parteien jedoch damit den Eigentumserwerb in ähnlicher Weise steuern, wie durch völlige Abbedingung des § 950.

Nach der **Rechtsprechung** soll eine vertragliche Bestimmung des Herstellers **zulässig** sein. Danach kann auch ein am Produktionsvorgang völlig unbeteiligter Stofflieferant Hersteller sein und nach Schaffung der neuen Sache deren Eigentümer werden. Ebenfalls als zulässig angesehen hat die Rechtsprechung sog. eingeschränkte Verarbeitungsklauseln, nach denen ein Lieferant nur Miteigentum in einem vorher bestimmten Umfang erhält.
So BGHZ 46, 118f m.w.N.

Die **Gegenansicht** meint, es müsse bei einer **objektiven Bestimmung des Herstellers** bleiben. Eine vertragliche Bestimmung, wer Hersteller sein soll, verstoße gegen den Sinn der Vorschrift, nach der gerade bei einem nicht unerheblichen Verarbeitungsaufwand dem Verarbeiter in jedem Fall das Eigentum an der bearbeiteten Sache zustehen soll. Entscheidend müsse daher sein, wer den Produktionsvorgang beherrschen und beeinflussen kann, wer das wirtschaftliche Risiko, das mit der Herstellung der neuen Sache verbunden ist, unmittelbar trägt.
Vgl. dazu Jauernig § 950, 7f m.w.N sowie Diehn, Jur. Streitstände Sachenrecht, Streitstand 54.

Besondere Bedeutung hat die Frage der Abdingbarkeit und der Bestimmung des Herstellers bei Fällen, in denen der Lieferant seine Waren unter Eigentumsvorbehalt liefert. Kommt es nach § 950 zu einem Eigentumserwerb des Verarbeiters, geht der Eigentumsvorbehalt des Lieferanten ins Leere. Näher dazu unten im 9. Kapitel "Eigentumsvorbehalt".

Die Ausgleichsansprüche nach § 951

Kommt es in den Fällen der §§ 946-950 zu einem gesetzlichen Eigentumserwerb, tritt auf der anderen Seite regelmäßig ein Rechtsverlust (Eigentumsverlust oder Untergang beschränkt dinglicher Rechte nach § 949) ein. Derjenige, der einen solchen Rechtsverlust erleidet, kann nach § 951 Ausgleichsansprüche geltend machen. Dabei stellt § 951 Abs.1 S.2 klar, dass die Wiederherstellung des früheren Zustandes nicht verlangt werden kann. Die Rechtsfolge des Anspruches kann daher nicht in einer Naturalrestitution bestehen, sondern lediglich in einem Wertausgleich in Geld.

§ 951 Abs.1 verweist auf die Vorschriften über die **ungerechtfertigte Bereicherung der §§ 812 ff**. § 951 ist eine **Rechtsgrundverweisung** und daher **keine selbständige Anspruchsgrundlage**, sondern bildet diese in Verbindung mit §§ 812. Da das Eigentum dem Erwerber nicht geleistet wird, liegt ein Fall der Bereicherung in sonstiger Weise vor, also ist die Anspruchsgrundlage § 951 Abs.1 i.V.m. §§ 946ff, 812 Abs.1 S.1, 2.Fall.

Daher ist bei der Falllösung der gesamte Tatbestand der bereicherungsrechtlichen Anspruchsgrundlage, insbesondere auch das Fehlen des rechtlichen Grundes, durchzuprüfen. § 951 Abs.1 stellt lediglich klar, dass die §§ 946-950 in diesem Zusammenhang gerade **nicht als Rechtsgrund** für den Rechtsverlust anzusehen sind.

Beachten Sie: **Anders als §§ 946-950 soll § 951 abdingbar sein, so dass die Parteien eine Ausgleichsregelung auch abweichend regeln können.**

Die Voraussetzungen des § 951 Abs.1

1. Rechtsverlust nach §§ 946-950
2. Vorliegen der Voraussetzungen des Anspruchs aus §§ 812 ff

➡ **Anspruchsteller** ist danach derjenige, der einen Rechtsverlust erlitten hat,
➡ **Anspruchsgegner** derjenige, zu dessen Gunsten die Rechtsänderung eingetreten ist.

Beachten Sie: **Ein Rechtsverlust im Sinne des § 951 Abs.1 S.1 liegt nur vor, wenn das Recht vollständig verloren ging, nicht also, wenn nach §§ 947 Abs.1, 948 Miteigentum erworben wurde.**

Da der Rechtsverlust nach §§ 946-950 regelmäßig nicht auf einer Leistung des Anspruchs-inhabers beruht, stellt § 951 Abs.1 einen Fall der **Eingriffskondiktion**, also eine Bereicherung in sonstiger Weise dar. Dementsprechend kommt ein Ausgleich nach §§ 951 Abs.1, 812 Abs.1 S.1, 2.Fall nur in Betracht, wenn keine Leistungskondiktion vorliegt (str).

> *Bsp.: Der Anspruchsinhaber war vertraglich verpflichtet, den über § 946 ff eingetretenen Rechtsverlust herbeizuführen, z.B. durch Einbau von Baumaterial auf dem Grundstück des Bauherrn, weil er sich als Bauunternehmer dazu vertraglich verpflichtet hatte. - In diesen Fällen liegt eine Leistung mit Rechtsgrund und somit keine Leistungskondiktion vor.*

Eine Leistung ohne Rechtsgrund, die zur Leistungskondiktion nach § 812 Abs.1 S.1, 1.Fall führt und keinen Ersatzanspruch nach §§ 951, 812 auslöst, liegt in folgendem Fall vor:

> *Bsp.: Der Anspruchsinhaber war vertraglich verpflichtet, den über § 946 ff eingetretenen Rechts-verlust herbeizuführen, z.B. durch Einbau von Baumaterial auf dem Grundstück des Bauherrn, weil er sich dazu vertraglich verpflichtet hatte. Der Vertrag war jedoch unwirksam.*

In diesen Fällen können §§ 951 Abs.1, 812 Abs.1 S.1, 2.Fall nicht angewandt werden (str.), da nach dem Grundsatz des Vorrangs der Leistungsbeziehungen hier ein Anspruch aus § 812 Abs.1 S.1, 1. Alternative in Betracht kommt.

Demnach beschränkt sich der Anwendungsbereich der §§ 951 Abs.1, 812 Abs.1 S.1, 2.Alt. auf die Fälle, in denen es an jeder Leistungsbeziehung zwischen Anspruchsberechtigtem und Anspruchsgegner fehlt.

> *Bsp.: Dieb D veräußert ein von E gestohlenes Schwein an U, der es zu Fleischkonserven ver-arbeitet. - Die zwischen dem Dieb und dem Unternehmer U bestehende Leistungsbeziehung hindert den Anspruch des E gegen U aus §§ 951, 812 nicht, da es an einer Leistungsbe-ziehung zwischen Anspruchsberechtigtem (Eigentümer des Schweins) und dem Anspruchs-gegner (hier U) fehlt und auch D kein Eigentum leistete, sondern U es kraft Gesetzes erhielt.*

Beachten Sie: in diesen Fällen kann der ursprüngliche Eigentümer die Übereignung von D an U nach § 185 Abs.2 genehmigen und dann nach § 816 Abs.1 S.1 die Herausgabe des durch die Verfügung (= gewollte Übereignung des Schweins) Erlangten (= z.B. Kaufpreis) verlangen.

Zu weiteren Fällen siehe Jauernig § 951, 13 ff.

Rechtsfolge der §§ 951 Abs.1, 812 Abs.1 S.1, 2.Fall:

Anspruch auf Vergütung in Geld, der im Zeitpunkt des Rechtsverlustes entsteht

Herauszugeben ist dabei grundsätzlich die objektiv festzustellende Steigerung des Ver-kehrswertes infolge der Verbindung.

Für den Anspruch gelten im Übrigen die §§ 818 Abs.3, 4 und 819, auf die sich der Anspruchsgegner berufen kann.

Das Verhältnis von § 951, 812 zu anderen Ansprüchen

In § 951 Abs.2 ist das **Verhältnis zu Schadensersatzansprüchen aus unerlaubter Handlung** sowie über die Vorschriften zum **Ersatz von Verwendungen** und des **Wegnahmerechtes** geregelt. Diese Vorschriften sind auch bei Vorliegen der Voraussetzungen der §§ 951, 812 anwendbar.

Ebenso ist Anspruchskonkurrenz möglich mit Ansprüchen auf Schadensersatz und Herausgabe von Nutzungen nach §§ 987-993.

Anwendbar sind nach § 951 Abs.2 S.1 auch die Verwendungsersatzansprüche aus §§ 539, 581 Abs.2, 1049 Abs.1, 1216 S.1.

Problematisch ist das Verhältnis zu §§ 994 ff. Die dortigen Verwendungsersatzansprüche sind abschließende Sonderregeln (str.). Sofern also die Voraussetzungen der §§ 994 ff vorliegen, besteht daneben kein Ausgleichsanspruch nach §§ 951 Abs.1, 812 Abs.1 S.1, 2.Fall.

Ein Wegnahmerecht, z.B. aus §§ 539 Abs.2, 581 Abs. 2 oder 997 wird durch §§ 951, 812 nicht ausgeschlossen.

Zum Verhältnis zu vertraglichen Ansprüchen oder Ansprüchen aus Leistungskondiktion sowie bei Abhandenkommen von Sachen s.o.

Fall 8:

D stiehlt von Pelzhändler P 50 Kaninchenfelle und veräußert diese an den Hersteller H, der die Pelze zu modernen Kaninchenpelzmänteln verarbeitet. Der Wert der Verarbeitung entspricht dabei etwa dem Wert der Pelze. P verlangt Ersatz von H für die 50 Felle. Zu Recht?

Lösungsvorschlag

Ansprüche aus §§ 987 ff (Schadensersatz), die hier grundsätzlich zu prüfen wären, werden aus methodischen Gründen nicht weiter behandelt, da das Eigentümer-Besitzer-Verhältnis des §§ 987 ff erst im 10. Kapitel besprochen wird.

P könnte gegen H einen Anspruch auf Wertersatz aus §§ 951 Abs.1, 950, 812 Abs.1 S.1, 2. Fall, 818 Abs.2 haben.

Dann müsste P zunächst einen Rechtsverlust nach §§ 946-950 erlitten haben. Hier kommt eine Verarbeitung der Pelze durch H nach § 950 in Betracht. Dazu bedarf es der Verarbeitung eines Stoffes, also einer Einwirkung auf denselben. Dies ist mit der Umarbeitung von einzelnen Pelzen zu einem Pelzmantel der Fall.

Das Ergebnis dieser Verarbeitung muss eine neue Sache sein. Hier schafft H neue Pelzmäntel, die nach der Verkehrsanschauung auch neue selbständige Sachen sind.

Weiter müsste H als Hersteller anzusehen sein. Wer Hersteller ist, ist nach der Verkehrsauffassung zu entscheiden.

Da H die Organisationshoheit über den Produktionsprozess hat, ist er objektiv auch als derjenige anzusehen, der die Herstellung der neuen Sache vornimmt. Also ist H Hersteller.

Schließlich dürfte der Wert der Verarbeitung nicht erheblich geringer sein als der Wert des Stoffes, an dem die Verarbeitung vorgenommen wurde. Nach dem Sachverhalt entspricht der Wert der Verarbeitung etwa dem Wert des verarbeiteten Stoffes, also liegt auch diese Voraussetzung vor. Damit sind die Voraussetzungen des § 950 erfüllt, folglich ist H als Hersteller der neuen Sache deren Eigentümer geworden. Folglich hat P als ursprünglicher Eigentümer der Pelze sein Eigentum daran verloren, also einen Rechtsverlust i.S.d. § 951 Abs.1 erlitten.

Damit hat P einen Anspruch auf eine Vergütung in Geld nach den Vorschriften der §§ 812 ff. Da es sich bei § 951 Abs.1 um eine Rechtsgrundverweisung handelt, sind die Voraussetzungen der bereicherungsrechtlichen Anspruchsgrundlage vollständig zu prüfen. § 951 behandelt grundsätzlich Fälle der Eingriffkondiktion, so dass als Anspruchsgrundlage hier § 812 Abs.1 S.1, 2. Fall in Betracht kommt.

Dieser setzt zunächst voraus, dass die Eingriffskondiktion überhaupt anwendbar ist. Nach dem Grundsatz des Vorrangs der Leistungsbeziehungen könnte es daran fehlen, wenn dem H der Bereicherungsgegenstand von irgendjemandem geleistet wurde. Der Bereicherungsgegenstand ist hier das Eigentum an den Pelzen. Zwar hat D diese Pelze bewusst und zweckgerichtet an H übergeben und damit auch dessen Vermögen vermehrt. Jedoch ist fraglich, ob er damit auch dem H das Eigentum verschaffte. Ursprünglich war mangels anderer Angaben P Eigentümer der Pelze. Ein Eigentumsverlust des P an D nach §§ 929 ff würde in jedem Fall eine Einigung zwischen D und P bezüglich des Eigentumsüberganges voraussetzen. Da D die Pelze gestohlen hat, fehlt es jedenfalls an einer derartigen Einigung, so dass ein rechtsgeschäftlicher Eigentumserwerb seitens des P ausscheidet. Da P somit kein Eigentum hatte, konnte er es auch nicht wirksam auf H übertragen.

In Betracht käme allenfalls ein gutgläubiger Erwerb nach §§ 929 ff, 932 ff. Ein gutgläubiger Erwerb kommt jedoch nur dann in Betracht, wenn die Sache dem bisherigen Eigentümer nicht i.S.d. § 935 abhanden gekommen ist. Da D die Sache dem P gestohlen hat, P also den Besitz an den Fellen ohne seinen Willen an D verlor, liegt ein Abhandenkommen i.S.d. § 935 vor, ein gutgläubiger Erwerb scheidet mithin aus. Folglich hat D an H das Eigentum nicht geleistet, es besteht also zwischen D und H keine Leistungsbeziehung in dieser Hinsicht, so dass der Grundsatz des Vorrangs der Leistungsbeziehungen einer Anwendung der Eingriffskondiktion nicht entgegensteht.

§ 812 Abs.1 S.1, 2.Fall setzt voraus, dass der Anspruchsgegner H, etwas erlangt hat. Wie oben festgestellt, hat H nach § 950 Eigentum an den neuen Sachen, den Pelzmänteln, erworben.

Dieser Eigentumserwerb müsste in sonstiger Weise, also nicht durch Leistung, geschehen sein. Dies setzt den Eingriff in eine dem P zugewiesene Rechtsposition, hier in das Eigentum, voraus. Wie bereits festgestellt, hat D das Eigentum nicht an H übertragen können, sondern dieser hat Eigentum durch Verarbeitung nach § 950 erworben. Folglich hat H das Eigentum in sonstiger Weise erlangt.

Schließlich müsste H den Bereicherungsgegenstand ohne Rechtsgrund erhalten haben. Der Grund für den Eigentumserwerb durch H liegt in § 950. Durch die Regelung des § 951 wird jedoch klargestellt, dass die §§ 946-950 gerade keinen Rechtsgrund für diese Bereicherung darstellen. Folglich fehlt es an einem Rechtsgrund, und damit sind die Voraussetzungen des § 812 Abs.1 S.1, 2.Fall gegeben.

Nach § 951 Abs.1 ist die grundsätzliche Rechtsfolge des Bereicherungsanspruchs, die Herausgabe des Erlangten, ausgeschlossen. Vielmehr steht dem Berechtigten, also hier P, lediglich ein Vergütungsanspruch nach § 818 Abs.2 auf Wertersatz zu.

Also hat P gegen H einen Anspruch auf Wertersatz nach §§ 951 Abs.1, 950, 812 Abs.1 S.1, 2.Fall, 818 Abs.2.

§§§§§§§§§§§§§§§§§§§

Gesetzlicher Eigentumserwerb an Bestandteilen und Erzeugnissen

Bestandteile und Erzeugnisse können nicht Gegenstand selbständiger Rechte sein, solange sie als wesentlicher Bestandteil mit einer Hauptsache verbunden sind. Mit der Trennung von der Hauptsache werden Bestandteile und Erzeugnisse jedoch selbständige Sachen, an denen damit auch selbständig Rechte begründet werden können. In §§ 953-957 regelt das Gesetz die Eigentumsverhältnisse solcher Bestandteile und Erzeugnisse nach deren Trennung von der Hauptsache.

Erzeugnisse sind alle organischen Produkte einer Sache, vgl. auch § 99 Abs.1.

Bestandteile sind in §§ 93 ff geregelt. Man versteht darunter Teile einer einheitlichen Sache.

Den Grundsatz für die Eigentumsverhältnisse von Erzeugnissen und Bestandteilen enthält § 953. Danach gehören sie stets auch nach der Trennung weiterhin dem Eigentümer der Hauptsache.

Von diesem Grundsatz enthalten die §§ 954-957 Ausnahmen.

Voraussetzungen für einen Eigentumserwerb nach § 953

1. Der Erwerber ist Eigentümer der Hauptsache
2. Bestandteile/Erzeugnisse sind von der Hauptsache getrennt
3. keine Ausnahme nach §§ 954-957

Aus diesen Voraussetzungen ergibt sich, dass es weder darauf ankommt, dass der Eigentümer der Hauptsache Besitz an den Gegenständen erlangt, noch dass er von deren Trennung von der Hauptsache weiß.

§ 954 regelt, dass der Inhaber eines dinglichen Nutzungsrechts mit der Trennung anstelle des Eigentümers der Hauptsache das Eigentum erwirbt.

Voraussetzungen für einen Erwerb nach § 954

1. Voraussetzungen des § 953
2. Bestehen einer dinglichen Nutzungsberechtigung
3. keine Ausnahme nach §§ 955-957

Dingliche Nutzungsrechte sind insbesondere Nutzungspfandrechte nach § 1213, ein Erbbaurecht, Dienstbarkeiten, z.B. sog. Sachnießbrauch nach § 1030.

Bsp.: Eigentümer E hat dem Nutzungsberechtigten N einen Sachnießbrauch nach § 1030 an seinem Apfelbaum eingeräumt. Mit Trennung des Apfels vom Baum erwirbt nach § 954 der N und nicht nach § 953 der E das Eigentum an dem Apfel.

Nach § 955 erwerben vorrangig der gutgläubige Eigenbesitzer (Abs.1) und der gutgläubige Nutzungsbesitzer (Abs.2).

Ausnahme: Vorrangiger Erwerb eines anderen nach §§ 956, 957.

Nach § 956 erwirbt der sog. obligatorische Aneignungsberechtigte vorrangig das Eigentum an den getrennten Sachen. Hier tritt der Eigentumserwerb nur dann mit der Trennung ein, wenn der Aneignungsberechtigte im Besitz der Hauptsache ist, sonst erst mit der Inbesitznahme der abgetrennten Sache.

Bsp.: A hat an B eine Obstplantage verpachtet. - Mit Trennung der Früchte von den Bäumen erwirbt B das Eigentum nach § 956 Abs.1.

Weiteres Bsp.: A hat seine Obstplantage an B verpachtet und dieser hat sie weiter an C verpachtet. - Hier erwirbt C mit Trennung der Früchte vom Baum Eigentum nach § 956 Abs.2, da die Gestattung gegenüber C nicht vom Eigentümer, sondern von einem zur Fruchtziehung Berechtigten ausging.

§ 957 regelt dann in den Fällen des § 956 die Aneignung, wenn die Gestattung durch eine unberechtigte Person erfolgt ist.

Bsp.: A hat an B ein Grundstück vermietet. B verpachtet dieses Grundstück an C. C erntet die Apfelbäume auf dem Grundstück ab. Im Vertrag A/B war die Ernte der Apfelbäume ausdrücklich dem A vorbehalten worden. - Eigentumserwerb des C nach § 957, sofern er bei Besitzübergang am Grundstück nicht bösgläubig war und bis zur Trennung auch nicht wurde. In diesem Fall hat A keinen Eigentumsherausgabeanspruch aus § 985, sondern allenfalls Ansprüche aus § 988 analog oder § 812 auf Herausgabe der Ernte.

Sonstige Fälle des gesetzlichen Eigentumserwerbs

Die **Ersitzung an beweglichen Sachen** ist in § 937 geregelt. Sie regelt den Eigentums-erwerb desjenigen, der über längere Zeit eine Sache gutgläubig in Eigenbesitz nach § 872 hatte.

Die Ersitzung

Die Voraussetzungen für Eigentumserwerb durch Ersitzung nach § 937

1. Eigenbesitz an einer beweglichen Sache
2. Eigenbesitz über mindestens zehn Jahre
3. Gutgläubigkeit bei Erwerb und Bestand des Eigenbesitzes im Hinblick auf das Eigentum

Unerheblich ist, ob der Gegenstand zuvor im Sinne des § 935 abhanden gekommen ist!

Der **Eigenbesitz** muss zehn Jahre lang ununterbrochen bestanden haben, § 940. Gutgläubiger Eigenbesitz eines Vorbesitzers wird dem Besitzenden nach §§ 943, 944 zugerechnet.

Eine **Unterbrechung der Ersitzungszeit** kann sich aus §§ 940-942 ergeben.

Problematisch ist, ob das ersessene Eigentum aufgrund schuldrechtlicher Vorschriften, insbesondere aufgrund eines Bereicherungsanspruchs, wieder herausverlangt werden kann.

Überwiegend meint man, dass vertragliche Ansprüche, z.B. Rückgabeansprüche bei zeitlich befristeten Nutzungsverhältnissen wie Leihe, Pacht oder Miete durch die Ersitzung bestehen bleiben. Bei einem fehlgeschlagenen schuldrechtlichen Geschäft besteht nach überwiegender Ansicht ein Bereicherungsanspruch nach § 812 Abs.1 S.1, 1.Fall auf Rückübertragung des Eigentums.

Nach der Gegenmeinung schließt § 937 Bereicherungsansprüche aus §§ 812 ff in diesen Fällen aus.

Das nach § 937 erlangte Eigentum kann jedoch nicht im Wege einer Eingriffskondiktion zurückverlangt werden, da insoweit § 937 einen Rechtsgrund darstellen soll.

> *Bsp.: A erwirbt von D einen Gegenstand, den D bei E gestohlen hat. A hat die Sache zehn Jahre in Eigenbesitz. - Ersitzung nach § 937 zugunsten des A liegt vor, ein Anspruch aus § 812 Abs.1 S.1, 2. Fall scheidet wegen des Vorrangs der Leistungsbeziehungen und nicht erst wegen des Rechtsgrundes aus!*

Die Aneignung nach § 958

Die Voraussetzungen der Aneignung nach § 958

1. Herrenlose bewegliche Sache
2. Begründung von Eigenbesitz
3. kein Ausschluss nach § 958 Abs.2

Herrenlos ist eine Sache, wenn sie in niemandes Eigentum steht. Dies ist der Fall, wenn sie noch nie im Eigentum einer Person stand oder aber, wenn sie nicht mehr im Eigentum einer Person steht, weil dieser nach § 959 das Eigentum daran aufgegeben hat. Ferner sind wilde Tiere nach § 960 herrenlos.

Die **Begründung von Eigenbesitz** richtet sich nach §§ 854, 872 und ist daher Realakt. Folglich ist für die Aneignung keine Geschäftsfähigkeit notwendig (streitig).

Der **Ausschluss nach § 958 Abs.2** kann sich insbesondere ergeben, wenn ein fremdes Aneignungsrecht verletzt wird. Hier kommt insbesondere das Recht des Jagdausübungsberechtigten nach dem Bundesjagdgesetz in Betracht.

Rechtsfolge einer wirksamen Aneignung ist der Erwerb des Eigentums an der in Eigenbesitz genommenen Sache durch den Besitz Ergreifenden.

Gesetzlicher Eigentumserwerb an Schuldurkunden nach § 952

Nach § 952 Abs.1 steht das Eigentum an einem über eine Forderung ausgestellten Schuldschein stets dem Inhaber der Forderung, also dem Gläubiger zu. Wird die Forderung abgetreten, so geht kraft Gesetzes das Eigentum an der Urkunde auf den Forderungserwerber über.

Es gilt daher für die Papiere des § 952 der Satz:

das Recht am Papier folgt dem Recht aus dem Papier

Zu den Urkunden i.S.d. § 952 (sog. **Rektapapiere**) zählen: Schuldscheine, Schuldanerkenntnisse, Schuldversprechen, Sparbücher und kraft der gesetzlichen Regelung des Abs.2 auch Hypotheken- und Grundschuldbriefe (vgl. § 1116). Das Sparbuch ist in § 808 besonders behandelt.

Nach überwiegender Auffassung findet § 952 analoge Anwendung auf Kfz-Briefe, so dass Eigentümer des Kfz-Briefes derjenige ist, der das Eigentum am Fahrzeug erworben hat.

Zu unterscheiden sind die Papiere des § 952 von den sog. **Inhaberpapieren.**

Bei diesen gilt die Regelung:

das Recht aus dem Papier folgt dem Recht am Papier

Die Übertragung von Inhaberpapieren geschieht nach § 929 durch Einigung und Übergabe des Papiers selbst. Inhaberpapiere sind Inhaberschuldverschreibungen (§ 793) und Inhaberaktien (§ 10 Abs.1 AktG).

Ebenfalls keine Anwendung findet § 952 auf sog. Orderpapiere, bei denen zusätzlich zu den vorgenannten Voraussetzungen noch das Indossament treten muss. Beispiele sind der Wechsel (Art. 11 Wechselgesetz) und der Scheck (Art. 14 Scheckgesetz).

Fraglich ist die Eigentumslage bei Schuldscheinen i.S.d. § 952, wenn die zugrunde liegende Schuld erfüllt wurde. Während teilweise angenommen wird, das Eigentum am Schuldschein falle automatisch dem Berechtigten, also dem Schuldner, zu, geht die überwiegende Auffassung davon aus, dass kein automatischer Rückfall des Eigentums geschehe. Vielmehr habe der Schuldner gem. § 371 einen Anspruch auf Rückgabe des Schuldscheins. In Fällen, in denen der Gläubiger zwischenzeitlich den Schuldschein an einen Dritten übereignet hat, meint diese Auffassung, dass § 371 dann auch analog gegen den Dritten geltend gemacht werden könne (str.).

1. Was enthalten die §§ 946 ff?

Fälle gesetzl. Eigentumserwerbs an beweglichen Sachen

2. Voraussetzungen des § 946?

Verbindung bewegliche Sache/Grundstück, Sache gleich wesentlicher Bestandteil

3. Wo ist der wesentliche Bestandteil geregelt?

in §§ 93, 94

4. Wann ist eine Sache zur Herstellung in ein Gebäude eingefügt?

wenn Gebäude ohne diese Sache nicht fertig gestellt wäre

5. Wann ist ein Gebäude kein wesentlicher Bestandteil?

im Fall des § 95 oder wenn feste Verbindung fehlt

6. Wann liegen Scheinbestandteile vor?

bei Verbindung zu nur vorübergehendem Zweck

7. Voraussetzungen des § 947?

Verbindung beweglicher Sachen, verbundene Sachen sind wesentliche Bestandteile

8. Grundsätzliche Rechtsfolge des § 947?

Miteigentum an einer einheitlichen Sache

9. Ausnahme dazu?

§ 947 Abs.2, wenn eine Sache die Hauptsache ist

10. Voraussetzungen des § 948?

bewegliche Sachen, Vermischung, Untrennbarkeit

11. Was erfasst § 948 auch?

Vermengung von Geldstücken, Geldscheinen

12. Welche Vorschrift ist auch auf § 948 anzuwenden?

§ 947 Abs.2

13. Voraussetzungen des § 950?

Verarbeitung, neue bewegliche Sache, Hersteller

14. Rechtsfolge des § 950?

Eigentumserwerb durch den Hersteller

15. Ausnahme dazu?

Wert der Verarbeitung erheblich geringer als Wert des Stoffes

16. Wer ist Hersteller?

wer die Organisationshoheit über den Herstellungsprozess hat

17. Wie ist für den Wertevergleich nach Abs.1 S.1, 2.Halbsatz vorzugehen?

1. Bestimmen des Verarbeitungswertes und 2. Wertvergleich

18. Wie ergibt sich der Verarbeitungswert?

neue Sache abzüglich Ausgangsstoffe

19. In wieweit können die Parteien bei § 950 gestalten?

streitig, überwiegend: § 950 zwingend, aber möglich zu bestimmen, wer Hersteller ist

20. Folge?

faktisch Bestimmungsmöglichkeit, wer Eigentümer wird

21. Welcher Natur ist § 951 Abs.1?

Rechtsgrundverweisung

22. Was ist daher Anspruchsgrundlage?

§§ 951 Abs.1 S.1, 946 ff, 812 Abs.1 S.1, 2. Fall

23. Wieso liegt kein Fall der Leistungs- kondiktion vor?	da der Eigentumsverlust aufgrund Gesetzes geschieht
24. Voraussetzungen des § 951 Abs.1?	Rechtsverlust nach §§ 946 ff, Voraussetzungen der §§ 812 ff
25. Wann liegt kein Rechtsverlust vor?	bei Erwerb von Miteigentum
26. Wo ist der Eigentumserwerb an Bestand- teilen / Erzeugnissen nach Trennung geregelt?	in §§ 953-957
27. Wo sind die Erzeugnisse geregelt?	in § 99
28. Grundregel für die Eigentumsverhältnisse bei Erzeugnissen?	§ 953, gehören Eigentümer der Hauptsache
29. Funktion der §§ 954-957?	sind Ausnahmen zu diesem Grundsatz
30. Voraussetzungen des § 953?	Erwerber = Eigentümer der Hauptsache, Trennung der Erzeugnisse, keine Ausnahme
31. Wann greift die Ausnahme des § 954 ein?	bei Bestehen einer dinglichen Nutzungs- berechtigung
32. Wann greift die Ausnahme des § 955 ein?	bei Gutgläubigkeit des Eigen-/Nutzungs- besitzers
33. Wo ist die Ersitzung geregelt?	in § 937
34. Voraussetzungen des § 937?	Eigenbesitz, mind. 10 Jahre, Gutgläubigkeit
35. Voraussetzungen des § 958?	herrenlose bewegliche Sache, Eigenbesitz, kein Ausschluss
36. Wann ist eine Sache herrenlos?	wenn sie in niemandes Eigentum steht
37. Welcher Natur ist die Eigenbesitz- begründung?	Realakt
38. Wo ist der gesetzliche Eigentumserwerb an Schuldurkunden geregelt?	in § 952
39. Welche Papiere erfasst § 952?	Rektapapiere
40. Wie lassen sich diese beschreiben?	das Recht am Papier folgt dem Recht aus dem Papier
41. Wie ist die Lage bei Inhaberpapieren?	das Recht aus dem Papier folgt dem Recht am Papier
42. Wie werden Inhaberpapiere übertragen?	nach §§ 929 ff

Zur Vertiefung empfohlen:
Rauda / Zenthöfer, 25 Fälle, Sachenrecht, Fall 8.

6. Kapitel
Der Verlust des Eigentums

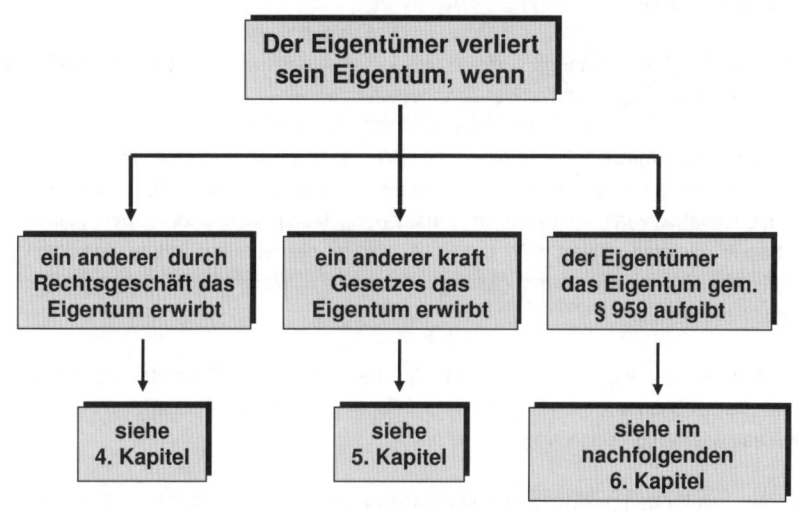

Die Aufgabe des Eigentums

Die Aufgabe des Eigentums (**Dereliktion** genannt) ist in § 959 geregelt. Danach verliert der Eigentümer sein Eigentum, wenn er in der Absicht auf dieses Eigentum zu verzichten, den Besitz der Sache aufgibt.

Voraussetzungen des § 959

1. Aufgabe jeglichen Besitzes an der Sache
2. Wille, auf das Eigentum zu verzichten

Rechtsfolge: die Sache wird herrenlos

Während die Besitzaufgabe ein Realakt ist, ist der Wille zum Verzicht auf das Eigentum **rechtsgeschäftlicher Natur**, setzt also Geschäftsfähigkeit voraus.

Bsp.: *Der geschäftsunfähige A stellt seinen Sperrmüll zur Abholung auf die Straße. – Da A wegen des rechtsgeschäftlichen Charakters des § 959 sein Eigentum nach § 959 nicht wirksam aufgegeben hat, können sich Dritte die Gegenstände aus dem Sperrmüll nicht nach § 958 aneignen.*

Bei den übrigen Fällen des Eigentumsverlustes ist ebenfalls zwischen rechtsgeschäftlichem und gesetzlichem Eigentumsverlust zu unterscheiden.

Im **rechtsgeschäftlichen Bereich** hängt der Verlust des Eigentums meist mit dem Erwerb des Eigentums durch einen anderen zusammen. Erwirbt jemand das Eigentum kraft Rechtsgeschäftes von einem anderen, muss zwangsläufig dieser andere sein Eigentum an der Sache verlieren. Daher sind die im 4. Kapitel dargestellten Wege des rechtsgeschäftlichen Eigentumserwerbs gleichzeitig auch die Wege des rechtsgeschäftlichen Eigentumsverlustes.

In der Falllösung spiegelt sich dies dadurch wider, dass man z.B. im Rahmen des § 985 danach fragt, ob jemand sein Eigentum durch Übereignung nach §§ 929 ff verloren hat und damit seine Eigentümerstellung einbüßte.

Ähnliches gilt für den gesetzlichen Eigentumserwerb. Erwirbt jemand kraft Gesetzes das Eigentum an einer Sache, so wie in den Fällen, die im 5. Kapitel behandelt wurden, so verliert zwangsläufig der bisherige Eigentümer sein Eigentumsrecht. Besonderheiten können nur insofern gelten, als das Eigentum zum Zeitpunkt des Eigentumserwerbs keiner Person zustand, die Sache also herrenlos war. In diesen Fällen führt ein Eigentumserwerb, z.B. bei der Aneignung, nicht zu einem Eigentumsverlust bei einem anderen.

Im Grundsatz lässt sich daher bis auf die Fälle herrenloser Sachen feststellen, dass stets mit einem gesetzlichen Eigentumserwerb auch ein gesetzlicher Eigentumsverlust einhergeht.

Wiederholungsfragen zum 6. Kapitel

1. Wo ist die Eigentumsaufgabe geregelt? in § 959

2. Voraussetzungen des § 959? Aufgabe jeglichen Besitzes, Wille auf Eigentum zu verzichten

3. Rechtsfolge des § 959? Herrenlosigkeit der Sache

7. Kapitel

Das Anwartschaftsrecht

Allgemeines zum Anwartschaftsrecht

Das Anwartschaftsrecht ist **im Gesetz nicht ausdrücklich geregelt**. Es unterscheidet sich von bloßen Erwerbsaussichten oder Chancen dadurch, dass der Erwerber bereits eine **vom Willen des Veräußerers unabhängige Rechtsposition** erlangt hat. Das Anwartschaftsrecht knüpft an § 158 an.

Wird ein Rechtsgeschäft unter einer aufschiebenden Bedingung abgeschlossen, so hängen die Rechtswirkungen dieses (wirksam abgeschlossenen!) Rechtsgeschäftes nur noch vom Bedingungseintritt ab. Der aus diesem Rechtsgeschäft Berechtigte hat daher bereits eine **weitgehend gesicherte Rechtsposition**, die man als **Anwartschaftsrecht** bezeichnet.

Nachfolgend wird das Anwartschaftsrecht im Bereich des Eigentums, als sog. dingliches Anwartschaftsrecht, behandelt.

Von einem **dinglichen Anwartschaftsrecht** spricht man, wenn der Erwerber eine Rechtsposition hat, die weitgehend gesichert den Erwerb eines dinglichen Rechts nach sich zieht. Man kann daher das Anwartschaftsrecht auch als **Vorstufe** zum später eintretenden **Vollrecht**, z.B. zum Eigentum, auffassen. Mit Bedingungseintritt erstarkt dann das Anwartschaftsrecht zu diesem Vollrecht.

Zur Begründung eines dinglichen Anwartschaftrechtes ist nach überwiegender Ansicht erforderlich, dass

1. **die Tatbestandsmerkmale der einzelnen Erwerbstatbestände vollständig erfüllt sind**
2. **der Veräußerer die Rechtsposition des Erwerbers nicht mehr durch seine einseitigen Erklärungen zerstören kann**

Eine solche Lage entsteht regelmäßig bei Vereinbarung einer **aufschiebend** oder **auflösend** bedingten Übereignung. Hauptfall der **aufschiebend bedingten** Übereignung nach §§ 929, 158 Abs.1 ist der **Kauf unter Eigentumsvorbehalt** nach § 449.

81

Dort vereinbaren Käufer und Verkäufer, dass das Eigentum an einer Kaufsache zunächst beim Verkäufer verbleibt und erst nach vollständiger Bezahlung des Kaufpreises (Bedingung i.S.d. § 158 Abs.1) auf den Käufer übergeht. Der Käufer erlangt durch Abschluss eines derartigen Vertrages ein Anwartschaftsrecht, da seine Rechtsposition weitgehend gesichert ist. Es hängt allein von ihm ab, ob die Bedingung, die vollständige Bezahlung des Kaufpreises, tatsächlich eintritt. Damit hat er es auch in der Hand, sein Anwartschaftsrecht schließlich zum Vollrecht, dem Eigentum, erstarken zu lassen. Näheres zum Eigentumsvorbehalt im 10. Kapitel.

Durch eine **auflösende Bedingung** kann ein **Anwartschaftsrecht** z.B. bei einer **Sicherungsübereignung** entstehen, wenn die Parteien dort vereinbart haben, dass ein Sicherungsgut zur Sicherung einer Forderung auf einen Sicherungsnehmer übertragen wird und das Eigentum bei vollständiger Erfüllung der Forderung (Bedingung i.S.d. § 158 Abs.2) automatisch wieder an den Sicherungsgeber zurückfallen soll. Hier steht die Eigentumsübertragung auf den Sicherungsnehmer unter der auflösenden Bedingung der vollständigen Erfüllung der Forderung. Der Sicherungsgeber hat im Hinblick auf die Rückerlangung des Eigentums ein Anwartschaftsrecht, da er es in der Hand hat, durch Erfüllung der Forderung die Bedingung für den Rückfall des Eigentums herbeizuführen. Näheres zur Sicherungsübereignung im 8. Kapitel.

Obwohl eine dem Anwartschaftsrecht ähnliche Lage beim Fund und bei der Ersitzung für denjenigen besteht, der sich in Erwartung des Rechtserwerbs befindet, wird dort überwiegend die Existenz eines Anwartschaftsrechts abgelehnt.

Zur Frage des Anwartschaftsrechtes bei unbeweglichen Sachen, insbesondere bei Grundstückserwerben, siehe Sachenrecht 2.

Insgesamt ist das Anwartschaftsrecht eine schwierige und in weiten Teilen stark umstrittene Rechtsfigur. Es können hier nur die allerwesentlichsten Grundzüge angesprochen werden, viele komplizierte und wichtige Fragen müssen unbehandelt bleiben, so z.B. der Schutz des Anwartschaftsberechtigten gegen Besitzentziehung oder Besitzstörung, das Anwartschaftsrecht als sonstiges Recht i.S.d. § 823, das Anwartschaftsrecht als Recht zum Besitz i.S.d. § 986, weitergehende Fragen des Erwerbs eines Anwartschaftsrechtes vom Nichtberechtigten sowie die Besonderheiten des Anwartschaftsrechtes von unbeweglichen Sachen.

Der Erwerb des Anwartschaftsrechtes

Beim Erwerb des Anwartschaftsrechtes ist zwischen sog. **Erst- und Zweiterwerb** zu unterscheiden.

Vom **Ersterwerb** spricht man, wenn ein Anwartschaftsrecht erstmals begründet wird. Vom **Zweiterwerb** ist dagegen die Rede, wenn es um die Übertragung eines bereits bestehenden Anwartschaftsrechtes geht.

Die Voraussetzungen des Ersterwerbes

1. **Einigung i.S.d. § 929**
2. **die Einigung steht unter einer aufschiebenden oder auflösenden Bedingung nach § 158**
3. **Übergabe oder Übergabesurrogat nach §§ 929, 930, 931**
4. **Berechtigung**
5. **ggf. Überwindung der Nichtberechtigung nach §§ 932 ff**

Der Zweiterwerb des Anwartschaftsrechtes

Da das Anwartschaftsrecht ein **wesensgleiches Minus zum Vollrecht** darstellt, wird es, sofern das Vollrecht das Eigentum ist, **analog § 929** durch Einigung und Übergabe übertragen.

Beim Erwerb ist daher auch zwischen einem **Erwerb vom Berechtigten** (also dem tatsächlichen Inhaber des Anwartschaftsrechts) und **vom Nichtberechtigten** (von einem, der nicht Inhaber des Anwartschaftsrechtes ist) zu unterscheiden.

Voraussetzungen des Zweiterwerbs vom Berechtigten

1. **Einigung, dass das Anwartschaftsrecht übergehen soll**
2. **Übergabe oder Übergabesurrogat nach §§ 929, 930, 931 im Hinblick auf die Sache, an der das Anwartschaftsrecht besteht**
3. **Berechtigung des Übertragenden**

Es bedarf zur Übertragung des Anwartschaftsrechtes weder der Zustimmung des ursprünglichen Verkäufers noch muss aus der Vereinbarung der Parteien ausdrücklich hervorgehen, dass sie gerade das Anwartschaftsrecht übertragen wollen.

Der Zweiterwerb vom Nichtberechtigten

Bei der **Übertragung des Anwartschaftsrechtes durch einen Nichtberechtigten** tritt zu den o.g. Voraussetzungen noch die Überwindung der Nichtberechtigung hinzu. Ob dies allerdings möglich ist, oder ob ein gutgläubiger Erwerb eines Anwartschaftsrechtes **generell ausgeschlossen** ist, wird unterschiedlich beurteilt.

Während eine Meinung die Anwendung der §§ 932 ff völlig ablehnt, ist die überwiegende Ansicht der Auffassung, dass grundsätzlich §§ 932 ff analog anwendbar sind.

Allerdings wird dabei noch weiter differenziert,
- **ob das Anwartschaftsrecht nicht besteht,**
- **nicht so besteht oder**
- **nicht in der Person des Verfügenden besteht.**

> Vgl. näher dazu Jauernig, § 929, 44 ff sowie die Zusammenfassung bei Diehn, Jur. Streitstände Sachenrecht, Streitstand 60.

Soweit man danach einen gutgläubigen Zweiterwerb des Anwartschaftsrechts für möglich hält, kommt es für den guten Glauben allein auf den Zeitpunkt an, in dem das Anwartschaftsrecht erworben wurde. Erlangt der Erwerber nach diesem Zeitpunkt Kenntnis der wahren Umstände, wird er also bösgläubig, ist dies unerheblich, mit Bedingungseintritt erlangt er dennoch Volleigentum.

Beachten Sie: **Der gutgläubige Ersterwerb des Anwartschaftsrechts vollzieht sich nach § 932 in direkter Anwendung, da in diesen Fällen an das nicht bestehende Eigentum des Veräußerers angeknüpft wird.**

Bsp.: A erwirbt von B eine Sache unter Eigentumsvorbehalt, die nicht dem B gehört. – A erwirbt kein Eigentum, da es an der unbedingten Einigung fehlt, aber infolge seiner Gutgläubigkeit nach §§ 929, 932 ein Anwartschaftsrecht.

Demgegenüber wird beim **gutgläubigen Zweiterwerb** nicht an das fehlende Eigentum des Veräußerers, sondern an das fehlende Anwartschaftsrecht des Veräußerers angeknüpft. Daher sind beim Zweiterwerb die §§ 932 ff nur in analoger Weise anzuwenden!

Das Anwartschaftsrecht setzt stets voraus, dass die Bedingung, von der der spätere Rechtserwerb abhängt, auch eintreten kann. Ein Anwartschaftsrecht entsteht daher nicht, wenn der zugrunde liegende Vertrag, aus dem die Bedingung folgt, nicht wirksam zustande kam.

Bsp.: K erwirbt von V ein Kraftfahrzeug. Es wird vereinbart, dass das Fahrzeug bis zur vollständigen Bezahlung des Kaufpreises im Eigentum des Verkäufers V stehen soll. Es stellt sich nun heraus, dass der Kaufvertrag nicht wirksam zustande gekommen ist. - Die Eigentumsübertragung stand hier unter der aufschiebenden Bedingung (§ 158 Abs.1), dass der Kaufpreis vollständig bezahlt wird. Damit hätte K prinzipiell ein Anwartschaftsrecht auf die Eigentumsübertragung erworben. Jedoch ist der Kaufvertrag nicht wirksam zustande gekommen, die Bedingung, die Kaufpreiszahlung, kann damit - zumindest rechtlich - nicht eintreten, der Bedingungseintritt ist mithin nicht möglich, ein Anwartschaftsrecht nicht entstanden.

Fraglich ist in diesen Fällen allerdings die Rechtslage, wenn der vermeintliche Kaufpreis dennoch gezahlt wird

Die Wirkung des Anwartschaftsrechtes

Nach §§ 160-162 bekommt der Anwartschaftsberechtigte eine relativ starke Rechtsposition, die vor allem vom Willen des Veräußerers unabhängig ist.

Da alle Voraussetzungen für den Erwerb des Volleigentums bereits mit Entstehung des Anwartschaftsrechtes gegeben sind, kommt es auf ein Einigsein im Zeitpunkt des Bedingungseintrittes nicht mehr an. Wie sich aus § 158 Abs.1 ergibt, erlangt der Anwartschaftsberechtigte mit **Bedingungseintritt** ohne weiteres das **Volleigentum**.

Mit Eintritt der Bedingung erstarkt das Anwartschaftsrecht auch **unmittelbar in der Person des Erwerbers zum Vollrecht**. Im Falle des Zweiterwerbs verliert der Übertragende mit wirksamer Übertragung jegliche Anwartschaftsstellung, so dass beim Eintritt der Bedingung das Anwartschaftsrecht auch unmittelbar beim Zweiterwerber zum Vollrecht erstarkt.

Bsp.: A hat von B eine Sache unter Eigentumsvorbehalt erworben. A veräußert sein daraus folgendes Anwartschaftsrecht an C. C zahlt den Kaufpreis an B (= Bedingung). - Mit der Zahlung erwirbt C unmittelbar selbst das Eigentum von B, es kommt nicht erst - für eine logische Sekunde - zu einem Durchgangserwerb des A.

Zum Meinungsstand zur Pfändung des Anwartschaftsrechts: Diehn, Jur. Streitstände Sachenrecht, Streitstand 64 und Jauernig § 929, 47.

Zur Vertiefung zum Anwartschaftsrecht:
Rauda / Zenthöfer, 25 Fälle, Sachenrecht, Fall 13.

1. Wo ist das AnwRecht geregelt? — nicht ausdrücklich im Gesetz

2. An welche Vorschriften knüpft das Anwartschaftsrecht an? — an § 158

3. Was ist das wesentliche Kennzeichen des Anwartschaftsrechts? — der Erwerber erlangt eine weitgehend gesicherte Rechtsposition

4. Wichtige Fälle, in denen ein Anwartschaftsrecht entsteht? — a) EV-Kauf; b) Sicherungsübereignung

5. Worin liegen in diesen Fällen die Bedingungen? — a) in völliger Zahlung des Kaufpreises; b) in völliger Ablösung einer Forderung

6. In welcher Hinsicht besteht in diesen Fällen ein Anwartschaftsrecht? — a) Erwartung des Eigentumserwerbs; b) Erwartung des Rückerwerbes des sicherheitshalber übertragenen Eigentums

7. Wo entsteht trotz ähnlicher Lage kein Anwartschaftsrecht? — beim Fund und der Ersitzung

8. Wie ist beim Erwerb des Anwartschaftsrechts zu unterscheiden? — zwischen Erst- und Zweiterwerb

9. Wann liegt ein Ersterwerb vor? — bei erstmaliger Begründung des AR

10. Voraussetzungen dazu? — Einigung unter Bedingung; Übergabe etc.; Berechtigung; ggf. Überwindung der Nichtberechtigung

11. Was bezeichnet der Zweiterwerb des Anwartschaftrechtes? — die Übertragung eines bereits bestehenden Anwartschaftrechtes

12. Wie geschieht dies? — analog § 929 (Einigung + Übergabe)

13. Voraussetzungen des Erwerbs vom Berechtigten? — Einigung; Übergabe etc.; Berechtigung des Übertragenden bzgl. des AR

14. Was ist bei der Übertragung von Nichtberechtigten streitig? — ob dies überhaupt möglich ist; h.M.: ja, analoge Anwendung der §§ 932 ff

15. Was ist bei Bedingungseintritt nicht mehr erforderlich? — ein Einigsein, Gutgläubigkeit

16. Wie erlangt der Anwartschaftsrechtsinhaber Volleigentum? — ohne weiteres Zutun der Parteien lediglich durch Erfüllen der Bedingung

17. Wie erhält er das Volleigentum? — Es entsteht unmittelbar in seiner Person, kein Durchgangserwerb durch Veräußerer

8. Kapitel
Die Sicherungsübereignung

Die Sicherungsübereignung ist im Gesetz nicht ausdrücklich geregelt. Sie ist im Laufe der Jahrzehnte durch Literatur und Rechtsprechung auf Grundlage des § 930 entwickelt worden, dem sie systematisch zuzurechnen ist.

Gleichwohl hat sich die Sicherungsübereignung mittlerweile als ein fast selbständiger Übereignungstatbestand herausgebildet, für den zahlreiche Sonderregelungen gelten. Im Rahmen der Zielsetzung der "Juristischen Grundkurse" kann und soll hier nur ein grober Überblick über Arten, Inhalt und Problematik der Sicherungsübereignung gegeben werden.

Die wirtschaftliche Bedeutung der Sicherungsübereignung

Die wirtschaftliche Bedeutung der Sicherungsübereignung ist heute immens. Sie stellt eines der wichtigsten Sicherungsmittel im modernen Wirtschaftsverkehr dar und hat die vom Gesetzgeber dazu vorgesehene Regelung, das Pfandrecht, weitgehend verdrängt. Dies liegt in der wirtschaftlichen Schwerfälligkeit des Pfandrechtes, wonach die verpfändete Sache grundsätzlich auch dem Pfandgläubiger übergeben werden muss. Damit kann sie der Verpfänder nicht weiter benutzen, gerade das soll jedoch vielfach nach dem Willen beider Parteien möglich sein.

Die Sicherungsübereignung ermöglicht dagegen auch die Weiterbenutzung durch den Sicherungsgeber, der den Besitz behält, während der Sicherungsnehmer das Eigentum an der Sache bekommt, um notfalls durch Verwertung des Eigentums sein Sicherungsbedürfnis zu befriedigen.

Der Sicherungsübereignung liegt grundsätzlich etwa folgender Fall zugrunde:

Gläubiger G hat eine Forderung gegen Schuldner S. Zur Sicherung dieser Forderung vereinbaren G und S, dass S das Eigentum an einer beweglichen Sache zur Sicherheit auf G überträgt. Während S im Besitz der Sache bleibt, erlangt G das Eigentum und kann, falls S seine Schuld nicht begleicht, die bewegliche Sache verwerten, z.B. veräußern, und sich aus dem Erlös befriedigen.

Der Vorteil dieser Konstruktion liegt darin, dass die zu verwertende Sache wegen der Sicherungsübereignung dem Gläubiger bereits gehört, er also mit ihr als Eigentümer verfahren kann. Hätten die Parteien in einem derartigen Fall keine Sicherungsübereignung vereinbart, müsste der Gläubiger den Schuldner auf Leistung verklagen, mit einem obsiegenden Urteil als Titel dann die Zwangsvollstreckung betreiben und sich aus dem Erlös der Zwangsvollstreckung befriedigen.

Dieser Weg ist ungleich umständlicher und risikoreicher, insbesondere, wenn der Schuldner zwischenzeitlich in Insolvenz geraten ist.

Bei der Sicherungsübereignung besteht für den Gläubiger dieses Risiko nicht, da er ja bereits Eigentümer dieser Sache ist und er bei evtl. Insolvenz des Schuldners die Herausgabe Sache verlangen und damit diese der Verwertung entziehen kann.

Voraussetzungen einer wirksamen Sicherungsübereignung

 **Die Sicherungsübereignung ist ein Fall des § 930.**

Die dort genannten Voraussetzungen (vgl. oben) müssen also auch im Falle der Sicherungsübereignung vorliegen.

Die dabei erforderliche Vereinbarung eines Besitzmittlungsverhältnisses geschieht hier durch Abschluss eines sog. **Sicherungsvertrages**.

Der Erwerber des Sicherungseigentums wird mittelbarer Eigenbesitzer, der Sicherungsgeber unmittelbarer Fremdbesitzer.

Der Sicherungsvertrag

Der Sicherungsvertrag ist im Gesetz nicht besonders geregelt. Er ist ein **arteigener Vertrag**, der im Rahmen der Gestaltungsfreiheit der Parteien zulässig ist, soweit §§ 134, 138 nicht entgegenstehen.

Besondere **Fälle der Sittenwidrigkeit** nach § 138 sind die sog. Knebelung und die Kredittäuschung.

Von einer **Knebelung** geht man aus, wenn der Sicherungsgeber durch die Bedingung der Sicherungsvereinbarung in seiner wirtschaftlichen Bewegungsfreiheit übermäßig eingeschränkt wird. Dies soll vor allem in den Fällen der sog. **Übersicherung** gegeben sein. Eine Übersicherung beschreibt Fälle, in denen der Sicherungsnehmer sich Sicherungsgut übertragen lässt, das im Wert die gesicherte Forderung bei weitem überschreitet.

Eine **Kredittäuschung** liegt vor, wenn durch übermäßige Sicherungsübereignungen mögliche Gläubiger in Hinsicht auf die Kreditfähigkeit des Schuldners getäuscht werden, weil kaum Haftungsobjekte verblieben sind.

Beachten Sie: **Grundsätzlich können auch nach § 811 ZPO unpfändbare Sachen zur Sicherheit übereignet werden, ohne dass dies zur Sittenwidrigkeit führt!**

Der Sicherungsvertrag - nicht also die gesicherte Forderung! - ist die **schuldrechtrechtliche Grundlage** für die dingliche Sicherungsübereignung. Der **Sicherungsvertrag ist daher Rechtsgrund**, fehlt er, greifen die §§ 812 ff ein. Neben dieser Funktion als Rechtsgrund für die Übereignung dient der Sicherungsvertrag aber auch dazu, die Rechtsbeziehungen zwischen Sicherungsgeber und Sicherungsnehmer zu regeln.

Aus dem Sicherungsvertrag ergibt sich daher, in welcher Weise der Sicherungsnehmer mit dem durch Sicherungsübereignung erlangten Eigentum verfahren darf. Insbesondere ist dort regelmäßig das Verwertungsrecht durch den Sicherungsnehmer geregelt. Der Sicherungsvertrag führt daher grundsätzlich zu einer Einschränkung der Eigentümerbefugnisse. Der Sicherungsnehmer, der ja Eigentümer der zur Sicherung übertragenen Sache geworden ist, kann daher nicht nach Belieben i.S.d. § 903 mit der Sache verfahren. Vielmehr muss er sich an die im Sicherungsvertrag aufgestellten Regeln halten und darf vor allem das Sicherungsgut nur nach Maßgabe des Sicherungsvertrages veräußern oder verwerten. Regelmäßig darf der Sicherungsnehmer dies nur, wenn der Sicherungsgeber seinen Verpflichtungen nicht nachkommt, z.B. aus einem Darlehensvertrag.

Beachten Sie: **dieser Darlehensvertrag ist rechtlich streng von dem Sicherungsvertrag zu unterscheiden.**

Der Darlehensvertrag ist ein völlig selbständiges Rechtsgeschäft, der weder mit dem Sicherungsvertrag noch mit der dinglichen Sicherungsübereignung etwas rechtlich zu tun hat. Lediglich wirtschaftlich betrachtet kommt es wegen des Darlehens zum Abschluss des Sicherungsvertrages und daraus folgend zur Erfüllung dieses Sicherungsvertrages durch die Sicherungsübereignung.

Beachten Sie: **im Verhältnis zu Dritten ist der Sicherungsnehmer (Eigentümer des Sicherungsgutes) aber voll berechtigter Eigentümer, er kann also wirksam das Eigentum am Sicherungsgut auf Dritte übertragen, das Eigentum belasten usw.**

Der Sicherungsvertrag betrifft lediglich das **Innenverhältnis zwischen Sicherungsgeber und Sicherungsnehmer** und hat keinerlei Wirkung auf ein Außenverhältnis zu Dritten. Freilich macht sich der Sicherungsnehmer durch abredewidrige Belastung oder Veräußerung des Sicherungsgutes im Innenverhältnis durch Verstoß gegen den Sicherungsvertrag schadensersatzpflichtig.

Ist der **Sicherungszweck erfüllt**, also beispielsweise die gesicherte Forderung getilgt, so enthält der Sicherungsvertrag meistens die Regelung, dass das Eigentum am Sicherungsgut zurück zu übertragen ist. Nur in Ausnahmefällen vereinbaren die Parteien einen automatischen Rückfall des Eigentums am Sicherungsgut. Dies ist möglich durch eine Abrede, nach der das Eigentum auflösend bedingt auf den Sicherungsnehmer übertragen wird.

Fehlt im Sicherungsvertrag eine Bestimmung, wie das Sicherungsgut zum Sicherungsgeber zurückgelangt, ist die Lage umstritten. Überwiegend wird noch eine stillschweigende Vereinbarung einer auflösenden Bedingung abgelehnt, während eine andere Ansicht von der Vereinbarung einer solchen Bedingung als im Normalfall ausgeht. Dazu Jauernig § 930, 44.

Beachten Sie jedoch: die Rückübereignung erfolgt nach § 929 S.2! Die damit allein erforderliche Einigung kann auch schlüssig erfolgen, es ist daher zu prüfen, ob nicht bereits in der Entgegennahme des zurückzuzahlenden Geldes eine solche Einigung schlüssig enthalten ist.

Die Wirkungen des Sicherungsvertrages

1. **Rechtsgrund für die Sicherungsübereignung**
2. **beschreibt Zweck und Ausmaß der Sicherungsübereignung**
3. **regelt die Eigentümerstellung des Sicherungsnehmers**
4. **bestimmt die Pflichten von Sicherungsgeber und Sicherungsnehmer im Rahmen des Sicherungsverhältnisses**
5. **regelt die Voraussetzung und Art der Verwertung**
6. **enthält regelmäßig auch die Vereinbarung eines Besitzmittlungsverhältnisses i.S.d. § 930**

Wenn der Sicherungsvertrag nicht wirksam zustande gekommen ist,

 - fehlt es am Rechtsgrund für die Sicherungsübereignung,
- das Eigentum kann nach § 812 vom Sicherungsgeber herausverlangt werden

Durch die Zweckbestimmung im Sicherungsvertrag wird die gesicherte Forderung, z.B. das Darlehen, mit der Sicherungsübereignung verknüpft.

Die Eigentümerstellung des Sicherungsnehmers wird durch den Sicherungsvertrag und den Sicherungszweck begrenzt. Der Sicherungsnehmer hat keinen Eigentumsherausgabeanspruch aus § 985 gegen den Sicherungsgeber, solange dieser seine Pflichten erfüllt.

 Der Sicherungsvertrag wirkt daher als Recht zum Besitz i.S.d. § 986 Abs.1 S.1.

Der Sicherungsvertrag stellt im Einzelnen die Pflichten der beiden beteiligten Parteien klar. Im Rahmen der Vertragsfreiheit können sie die Rechte und Pflichten frei gestalten.

Ebenso frei gestaltbar sind die Voraussetzungen, unter denen der Sicherungsnehmer das Sicherungsgut verwerten darf. Die Art und Weise der Verwertung kann gleichfalls frei geregelt werden, meist durch sog. freihändigen Verkauf des Sicherungsgutes.

Beachten Sie: **Aus dem Sicherungsvertrag folgt zwar meistens die Verpflichtung des Sicherungsgebers, im Falle der Verwertung das Sicherungsgut an den Sicherungsnehmer heraus zu geben. Erfüllt der Sicherungsgeber jedoch diese Verpflichtung nicht, so muss der Sicherungsnehmer einen Herausgabetitel erstreiten, er kann also nicht eigenmächtig die Sache dem Sicherungsgeber wegnehmen!**

Meist beinhaltet der Sicherungsvertrag gleichzeitig auch die Vereinbarung des Besitzmittlungsverhältnisses i.S.d. §§ 930 i.V.m. 868. Da es der wirtschaftliche Sinn einer Sicherungsübereignung ist, dass der Sicherungsgeber im Besitz des Sicherungsgutes bleibt, muss eine Vereinbarung getroffen werden, die dieses Behaltendürfen und die Nutzung der Sache regelt. Dabei ist nicht erforderlich, dass die Parteien ausdrücklich ein Verwahrungs-, Miet- oder Leihverhältnis vereinbaren, vielmehr soll es ausreichen, dass sie die Befugnisse des Sicherungsgebers während der Zeit der Sicherungsübereignung im Vertrag regeln. Daraus ergibt sich schlüssig, dass der Sicherungsgeber bis zum Eintritt des Verwertungsfalles ein Recht zum Besitz an der Sache hat. Der erforderliche Herausgabeanspruch für das Besitzmittlungsverhältnis ergibt sich regelmäßig aus der Vereinbarung, dass im Verwertungsfall der Sicherungsnehmer einen Herausgabeanspruch gegen den Sicherungsgeber hat.

Die Arten der Sicherungsübereignung

Man unterscheidet verschiedene Arten der Sicherungsübereignung:

1. einfache Sicherungsübereignung
2. verlängerte Sicherungsübereignung
3. erweiterte Sicherungsübereignung

Bei der **einfachen Sicherungsübereignung** wird vereinbart, dass der Sicherungsgeber die Sache behält und nicht weiter veräußert. Mit Tilgung der Forderung entfällt der Sicherungszweck, dem Sicherungsgeber ist das Eigentum zurück zu übertragen.

Bsp.: A erwirbt einen Pkw. Um den Kaufpreis zu bezahlen, nimmt er bei der B-Bank ein Darlehen auf. Zur Sicherung dieser Darlehensforderung überträgt er das Eigentum am Pkw auf die Bank. - Mit Rückzahlung des Darlehens ist der Sicherungszweck entfallen, die Bank ist verpflichtet, das Eigentum am Pkw an A zurück zu übertragen.

Bei einer **verlängerten Sicherungsübereignung** darf der Sicherungsgeber das Sicherungsgut im ordentlichen Geschäftsverkehr weiterveräußern. Da der Sicherungsgeber dabei Dritten gegenüber regelmäßig im eigenen Namen auftritt, bedarf es dazu der Vereinbarung einer Ermächtigung i.S.d. § 185 Abs.1.

Durch die Ermächtigung überträgt der Sicherungsgeber das Sicherungsgut als Berechtigter auf einen Dritten, der Sicherungsnehmer verliert sein Eigentum. Um dem Sicherungszweck für den Sicherungsnehmer zu genügen, vereinbaren die Parteien daher, dass anstelle des Eigentums am Sicherungsgut das durch das Veräußerungsgeschäft Erlangte treten soll. Meist wird durch die Parteien, da es sich um eine Kaufpreis-, Werklohn- oder sonstige Geldforderung handelt, eine sog. Vorausabtretungsklausel in den Sicherungsvertrag aufgenommen.

Bsp.: Händler H hat von der B-Bank ein Darlehen aufgenommen. Zur Sicherung des Darlehens übereignet er einige seiner Waren der Bank zur Sicherheit. Da H jedoch im Rahmen seines Geschäftsbetriebes darauf angewiesen ist, diese Waren zu veräußern, trifft er mit der Bank im Rahmen des Sicherungsvertrages die Vereinbarung, dass er ermächtigt ist, die Waren im ordentlichen Geschäftsverkehr im eigenen Namen (§ 185) an Dritte zu veräußern. Gleichzeitig vereinbaren H und B, dass die durch die Veräußerung H zustehenden Kaufpreisforderungen im voraus an B zur Sicherheit abgetreten werden. Die Kaufpreisforderungen treten damit anstelle der zur Sicherheit übereigneten Waren, an denen die B-Bank das Eigentum durch wirksame Veräußerung verliert.

Die **erweiterte Sicherungsübereignung** dient, anders als die beiden vorangehenden Fälle, nicht der Sicherung einer bestimmten Forderung. Hier wird vielmehr vereinbart, dass das Sicherungsgut übereignet wird, um einige oder alle bestehenden oder künftig noch entstehenden Forderungen des Sicherungsnehmers gegen den Sicherungsgeber zu sichern. Der Sicherungszweck ist erst erfüllt, wenn alle Forderungen beglichen sind.

Zu den Problemen bei der Sicherungsübereignung von Warenlagern: Jauernig, § 930, 46 f.

Fall 9

A schließt mit der B-Bank einen Darlehensvertrag ab. Zur Sicherung der Darlehensforderung vereinbaren die Parteien, dass A seinen Pkw an B sicherheitshalber übereignet. Den Kfz-Brief fordert B zwar von A an, jedoch unterbleibt die Übergabe. A gerät alsbald mit der Rückzahlung der Darlehensraten in Verzug, so dass, wie im Sicherungsvertrag vereinbart, die B von ihrem Recht auf Herausgabe des Fahrzeugs Gebrauch machen möchte. Es stellt sich nun heraus, dass A den Wagen zwischenzeitlich auch an X zur Sicherung einer Forderung unter Übergabe des Kfz-Briefes, übereignet hat. Als B den Herausgabeanspruch gegenüber A geltend macht, übergibt A den Wagen an X, der von alledem nichts weiß.

B verlangt Herausgabe des Wagens von X aus § 985. Zu Recht?

Lösungsvorschlag

B könnte gegen X einen Anspruch auf Herausgabe des Kfz aus § 985 haben.

Dann müsste X Besitzer der herauszugebenden Sache sein. Beim Kfz handelt es sich um einen körperlichen Gegenstand, also um eine Sache im Sinne des § 90. Da X das Fahrzeug von A erhalten hat, übt er die tatsächliche Sachherrschaft über den Wagen aus, ist also nach § 854 deren Besitzer.

Weiter müsste B Eigentümer des Kfz sein. Ursprünglich war mangels anderer Angaben A Eigentümer des Wagens. Er könnte jedoch sein Eigentum infolge einer wirksamen Sicherungsübereignung an die B-Bank verloren haben. Die Sicherungsübereignung folgt den Regeln des § 930. Für eine Übereignung ist daher zunächst die Einigung der Parteien notwendig. Das Vorliegen einer wirksamen Einigung kann mangels gegenteiliger Anhaltspunkte im Sachverhalt angenommen werden.

Ferner setzt § 930 anstelle der Übergabe ein Übergabesurrogat, nämlich die Vereinbarung eines Besitzmittlungsverhältnisses, voraus. B und A haben sich darüber geeinigt, dass das Fahrzeug zur Sicherung einer Darlehensforderung dienen soll, gleichwohl aber zur weiteren Nutzung bei A verbleiben kann. Diese Abrede im Sicherungsvertrag beinhaltet somit ein Rechtsverhältnis im Sinne des § 930, vermöge dessen der Erwerber, hier B, den mittelbaren Besitz erlangt hat. Das erforderliche Besitzmittlungsverhältnis liegt damit also vor.

Schließlich müsste A Berechtigter im Hinblick auf die Eigentumsübertragung gewesen sein. Da A selbst Eigentümer war, ist dies der Fall.

Durch die wirksame Sicherungsübereignung hat B das Eigentum an dem Kfz erlangt. Jedoch könnte B das Eigentum dadurch wieder verloren haben, dass A das Kfz nochmals zur Sicherheit an X übereignet hat. Auch die Sicherungsübereignung von A an X folgt der Regelung des § 930. Auch hier ist die erforderliche Einigung mangels anderer Angaben im Sachverhalt anzunehmen. Ebenfalls wurde hier ein Sicherungsvertrag abgeschlossen, der ein Besitzmittlungsverhältnis i.S.d. § 930 darstellt.

Zur Zeit der Einigung des A mit X hatte A jedoch bereits wirksam das Eigentum am Kfz auf B übertragen, so dass er nicht mehr Berechtigter war. Ein Eigentumserwerb des X käme dennoch in Betracht, wenn die Nichtberechtigung des A nach § 933 überwunden worden wäre. Der dazu erforderliche normale Erwerbstatbestand des § 930 mit Ausnahme der Berechtigung ist gegeben, s.o.

Weiter müsste das Kfz dem Erwerber, also X, vom Veräußerer, hier A, übergeben worden sein. Laut Sachverhalt hat A dem X das Kfz übergeben, so dass auch diese Voraussetzung erfüllt ist.

Schließlich müsste der Erwerber zur Zeit der Übergabe in gutem Glauben gewesen sein. Nach dem Sachverhalt hatte X keine Kenntnis von den Machenschaften des A. Fraglich ist jedoch, ob ihm grobfahrlässige Unkenntnis zur Last fällt, die die Gutgläubigkeit nach § 932 Abs. 2 ebenfalls ausschließen würde. Bei einem Kfz-Verkauf liegt grobfahrlässige Unkenntnis regelmäßig dann vor, wenn beim Erwerb der Kfz-Brief nicht übergeben wird. Da A jedoch den Kfz-Brief X zukommen ließ, kann daraus keine grobfahrlässige Unkenntnis gefolgert werden. Andere Anhaltspunkte für fehlende Gutgläubigkeit sind nicht gegeben, so dass X zum Zeitpunkt der Übergabe des Fahrzeugs gutgläubig war.

Damit hat X nach §§ 930, 933 das Eigentum an dem Kfz erhalten, B folglich sein Eigentum daran verloren.

Mithin ist B nicht mehr Eigentümer der Sache, ein Anspruch aus § 985 scheidet somit aus.

§§§§§§§§§§§§§§§§§§§§§§§§§§§§§§

1. Wo ist die Sicherungsübereignung im Gesetz geregelt?

   ausdrücklich überhaupt nicht

2. Nach welcher Vorschrift richtet sie sich?

   nach § 930

3. Voraussetzungen für den Erwerb von Sicherungseigentum?

   Einigung; Übergabesurrogat nach § 930; Einigsein; Berechtigung

4. Worin liegt das Besitzmittlungsverhältnis?

   im sog. Sicherungsvertrag

5. Was für ein Vertrag ist dies?

   ein Vertrag eigener Art, §§ 241, 311

6. Was ist der Sicherungsvertrag systematisch?

   die schuldrechtliche Grundlage für die sachenrechtliche Sicherungsübereignung

7. Worin liegt seine praktische Bedeutung?

   in der Regelung der Rechtsbeziehungen Sicherungsgeber/Sicherungsnehmer

8. Welche Bedeutung hat der zwischen den Parteien meist abgeschlossene Darlehensvertrag?

   ist rechtlich streng vom Sicherungsvertrag zu unterscheiden, er ist ein völlig selbständiges Rechtsgeschäft

9. Wie hängt der Sicherungsvertrag mit diesem Darlehensvertrag zusammen?

   wirtschaftlich (nicht rechtlich) betrachtet ist er der Grund für die Sicherungsübereignung

10. Inwiefern ist der Sicherungsnehmer durch den Sicherungsvertrag in seiner dinglichen Stellung beschränkt?

    nur im Innenverhältnis zum Sicherungsgeber, nicht gegenüber Dritten

11. Was geschieht, wenn der Sicherungszweck erfüllt ist?

    entweder automatischer Rückfall des Eigentums oder Anspruch auf Rückübertragung

12. Wann kommt es zum automatischen Rückfall des Eigentums?

    wenn die Sicherungsübereignung unter einer auflösenden Bedingung vereinbart wurde

13. Wo finden sich diesbezüglich die Regelungen?

    im Sicherungsvertrag

14. Wie ist die Lage, wenn der Sicherungsvertrag nicht wirksam zustande gekommen ist?

    der Sicherungsübereignung fehlt der Rechtsgrund, §§ 812 ff!

15. Wirkung des Sicherungsvertrages im Rahmen des § 985?

    er ist Recht zum Besitz i.S.d. § 986 Abs.1 S.1

16. Recht des Sicherungsnehmers, wenn Sicherungsgeber nicht zahlt?

    Verwertung des Sicherungsgutes

17. Regelung der Art und Weise der Verwertung?

    ergibt sich aus dem Sicherungsvertrag

18. Welche Arten der Sicherungsübereignungen unterscheidet man?

    einfache, verlängerte, erweiterte Sicherungsübereignung

19. Wesen der verlängerten Sicherungsübereignung?

    Sicherungsgeber darf Sicherungsgut im ordentlichen Geschäftsverkehr weiterveräußern

20. Wie wird dabei das Sicherungsbedürfnis des Sicherungsnehmers erfüllt?

Vereinbarung, dass das Erlangte anstelle des Sicherungsgutes dem Sicherungsnehmer zusteht

21. Wesen der erweiterten Sicherungsübereignung?

dient der Sicherung mehrerer, auch künftiger Forderungen

9. Kapitel
Der Eigentumsvorbehalt

Der Eigentumsvorbehalt ist ausdrücklich in § 449, also im Schuldrecht geregelt. Dort ist jedoch nur die schuldrechtliche Seite des Kaufs unter Eigentumsvorbehalt näher beschrieben, systematisch gehört die Konstruktion des Eigentumsvorbehaltes wohl eher in das hier behandelte Sachenrecht. Dem Eigentumsvorbehalt liegt folgender "Normalfall" zugrunde:

Käufer K erwirbt von Verkäufer V eine Sache. V räumt dem K eine Zahlungsfrist ein, stundet den Kaufpreis etc. und möchte diese Kaufpreisforderung gesichert wissen. Die Vereinbarung eines Pfandrechtes scheidet aus, da dann dem wirtschaftlichen Interesse des Käufers, die Sache zu nutzen, nicht genügt werden könnte. Daher vereinbaren Verkäufer und Käufer, dass das Eigentum dem Verkäufer trotz Übergabe der Sache an den Käufer auch weiterhin so lange zustehen soll, bis der Käufer den Kaufpreis vollständig bezahlt hat. Mit Eintritt dieser Bedingung soll dann der Käufer automatisch das Eigentum an dem erworbenen Gegenstand erhalten.

Das Wesen des EV-Kaufes liegt darin, dass die Eigentumsübertragung aufschiebend bedingt ist, vgl. § 158 Abs.1. Bedingung ist die Zahlung des Kaufpreises. Wird der Kaufpreis gezahlt, tritt die Bedingung ein und der Käufer erwirbt das Eigentum.

Voraussetzungen
eines Eigentumsvorbehalts bei einem EV-Kauf nach § 449

1. aufschiebend bedingte Einigung bezüglich des Eigentumsübergangs nach §§ 158 Abs.1, 929 ff

2. der EV war bei Übergabe bereits vereinbart und für den Erwerber zumindest erkennbar

Da es sich bei der Vereinbarung des Eigentumsvorbehaltes um eine **vertragliche Gestaltungsmöglichkeit** handelt, muss diese bereits bei Vertragsschluss wirksam vereinbart worden sein. Sofern sie sich in AGBen findet, sind die Regelungen der §§ 305 ff zu beachten. Nachgereichte Eigentumsvorbehaltsklauseln, z.B. auf Rechnungen, können den bereits zuvor erfolgten Eigentumsübergang nicht wieder ohne weiteres rückgängig machen.

Mit wirksamer Vereinbarung eines EV erlangt der Erwerber ein **dingliches Anwartschafts-recht**. Dieses erstarkt mit Bedingungseintritt - Zahlung des Kaufpreises - zum Vollrecht, der Erwerber erlangt also dann das Eigentum.

Der Eigentumsvorbehalt erlischt, wenn der Veräußerer auf ihn verzichtet, wenn die vereinbarte Bedingung eintritt, wenn ein Dritter rechtsgeschäftlich oder gesetzlich das Volleigentum erwirbt.

Bsp.: *A hat eine Waschmaschine von B unter Eigentumsvorbehalt gekauft. A veräußert diese Waschmaschine weiter an den gutgläubigen X, dem er die Waschmaschine übergibt. - Da X gutgläubig das Eigentum an der Waschmaschine nach §§ 929, 932 erworben hat, verliert zwangsläufig B sein bis dahin wegen des Eigentumsvorbehaltes bestehendes Eigentum. Mit dem Verlust des Eigentums erlischt auch der Eigentumsvorbehalt.*

Weiteres Bsp.: *A hat an B Rohmaterialien unter EV geliefert. B verarbeitet diese Waren zu neuen Gegenständen. - Da hier B nach § 950 kraft Gesetzes Eigentümer der neuen Sachen wird, verliert A zwangsläufig das Eigentum an den Rohmaterialien. Damit erlischt auch sein daran vereinbarter EV.*

Die Arten des Eigentumsvorbehaltes

Man unterscheidet einfachen EV, verlängerten EV und weitergeleiteten EV.

Ein **einfacher EV** ist in dem o.g. Grundfall des EV-Kaufes gegeben.

Beim **verlängerten EV** darf der Vorbehaltskäufer das Sicherungsgut im ordentlichen Geschäftsverkehr weiterveräußern. Da der Vorbehaltsverkäufer dabei Dritten gegenüber regelmäßig im eigenen Namen auftritt, bedarf es dazu der Vereinbarung einer Ermächtigung i.S.d. § 185 Abs.1.

Durch die Ermächtigung überträgt der Vorbehaltskäufer den Kaufgegenstand als Berechtigter auf einen Dritten, der Vorbehaltsverkäufer verliert sein Eigentum. Um dem Sicherungszweck für den Vorbehaltsverkäufer zu genügen, vereinbaren die Parteien daher, dass die aus der Veräußerung folgenden Kaufpreisforderungen sicherungshalber an den Vorbehaltsverkäufer abgetreten werden (sog. Vorausabtretungsklausel).

Bsp.: *Großhändler G hat Waren an den Einzelhändler H unter EV geliefert. Da H jedoch im Rahmen seines Geschäftsbetriebes darauf angewiesen ist, diese Waren zu veräußern, trifft er mit G im Rahmen des EV die Vereinbarung, dass er, H, ermächtigt ist, die Waren im ordentlichen Geschäftsverkehr im eigenen Namen (§ 185) an Dritte zu veräußern. Gleichzeitig vereinbaren H und G, dass die durch die Veräußerung H zustehenden Kaufpreisforderungen im Voraus an G zur Sicherheit abgetreten werden. Die Kaufpreisforderungen treten damit anstelle der zur Sicherung übereigneten Waren, an denen G das Eigentum durch die wirksame Veräußerung seitens des H verliert.*

Derartige Sicherungsabtretungen sind grundsätzlich zulässig.

Um einen **weitergeleiteten EV** handelt es sich dagegen, wenn ein EV-Käufer seinerseits unter EV an einen Dritten weiterveräußern darf.

Näher zu den Fällen des weitergeleiteten EV: Jauernig § 929, 30.

Ob neben diesen Formen des EV auch noch ein sog. erweiterter EV möglich ist, ist im Einzelnen stark umstritten. Vgl. dazu den Überblick bei Jauernig, § 929, 31 f.

Ein rechtsgeschäftlicher EV kann allerdings nicht den Untergang durch gesetzlichen Eigentumserwerb verhindern. Um diesem Ergebnis entgegenzuwirken, werden häufig sog. **Verarbeitungs- oder Herstellerklauseln** vereinbart. Danach gilt der Verkäufer bei Verarbeitung der Sache als Hersteller der neuen Sache, so dass er nach § 950 das Eigentum auch an der neuen Sache erwirbt. Faktisch erstreckt sich sein Eigentumsvorbehalt also auf die durch Verarbeitung entstehende neue Sache. Derartige Herstellerklauseln sind umstritten, aber nach der überwiegenden Auffassung, insbesondere der Rechtsprechung, zulässig.

Probleme entstehen häufig dann, wenn die Sicherungsinteressen verschiedener Beteiligter einander zuwiderlaufen. Dazu kann es insbesondere kommen, wenn einerseits ein verlängerter EV vereinbart wird, zum anderen die gleichen Forderungen auch im Wege der sog. Globalzession abgetreten wurden. Dieser Kollisionslage liegt meist folgender Grundfall zugrunde:

U bezieht von L Waren für seinen Geschäftsbetrieb zur Weiterverarbeitung unter verlängertem EV. Da U für den laufenden Geschäftsbetrieb auch ständig Kredit der B-Bank in Anspruch nimmt, hat er mit dieser eine Globalzession aller Kaufpreisforderungen, die U durch den Verkauf seiner Waren erzielt, vereinbart. Damit fallen durch die Globalzession alle entstehenden Kaufpreisforderungen einerseits der B-Bank zu. Durch den verlängerten EV mit Vorausabtretungsklausel stehen andererseits auch dem Lieferanten L die Kaufpreisforderungen als Sicherheit zu.

In diesen Fällen gilt grundsätzlich das Prioritätsprinzip, d.h. derjenige, der sich die Forderungen als erster abtreten ließ, ist auch Inhaber der Forderungen geworden. Die nachfolgende Abtretung wird gegenstandslos. Etwas anderes kann sich jedoch ergeben, wenn eines der beiden Geschäfte, insbesondere die Globalzession nach § 138 unter dem Gesichtspunkt des "Verleitens zum Vertragsbruch", sittenwidrig ist. Dies soll der Fall sein, wenn es dem Abtretungsempfänger ersichtlich ist, dass der Abtretende, der Unternehmer, seinerseits Waren üblicherweise nur unter Einräumung eines EV erwerben kann. Dann muss er - für den Abtretungsempfänger erkennbar - vertragsbrüchig werden, um wirtschaftlich überhaupt weiterarbeiten zu können.

Darüber hinaus kann die Globalzession auch aus anderen Gründen unwirksam sein, z.B. infolge Knebelung, Übersicherung, vgl. 3. Band, Schuldrecht AT.

Fall 10:

Unternehmer U bestellt von Lieferant L Holzplatten, die U in seinem Tischlereibetrieb zu Möbeln verarbeiten will. L liefert die Platten unter EV, der wirksam im Vertragsschluss vereinbart wurde, an U. Gleichfalls haben die Parteien vereinbart, dass, im Falle der Weiterverarbeitung, L als Hersteller der von U produzierten Waren anzusehen sein soll. V verarbeitet die Platten zu Möbeln, die er an den gutgläubigen X veräußert. Als U in Zahlungsschwierigkeiten gerät, will L von seinem EV Gebrauch machen. Er verlangt die bei X befindlichen Möbel nach § 985 heraus. Zu Recht?

Lösungsvorschlag

U könnte gegen X einen Anspruch auf Herausgabe der Möbel aus § 985 haben.

Dann müsste X Besitzer der Möbel sein. Da sich die Möbel offenbar bei X befinden, übt er die tatsächliche Sachherrschaft darüber aus, ist nach § 854 also deren Besitzer.

Weiter müsste L Eigentümer der Möbel sein. L war ursprünglich Eigentümer der Platten, aus denen die Möbel gefertigt wurden. Diese Platten sind durch die Verarbeitung zu Möbeln umgestaltet worden. Die Eigentumsverhältnisse an einer durch eine solche Umgestaltung entstehenden neuen Sache regelt § 950.

Dieser setzt zunächst voraus, dass eine Verarbeitung eines Stoffes stattgefunden und dadurch eine neue Sache entstanden ist. Hier sind die Holzplatten nach der Verkehrsauffassung völlig umgestaltet worden und es sind objektiv neue Sachen, die Möbel, daraus entstanden.

Rechtsfolge einer derartigen Verarbeitung nach § 950 ist, dass der Hersteller der Sache grundsätzlich Eigentümer der neuen Sache wird. Fraglich ist also, wer im vorliegenden Fall als Hersteller anzusehen ist. Nach dem Sachverhalt haben die Parteien eine diesbezügliche Vereinbarung getroffen, nämlich in der Weise, dass L als Hersteller der Möbel gelten soll. Fraglich ist, ob eine solche vertragliche Bestimmung des Herstellers möglich ist. Dies wird unterschiedlich beurteilt.

Die Rechtsprechung ist der Ansicht, eine Herstellerbestimmung durch die Parteien sei zulässig. Danach wäre L als Hersteller und damit als Eigentümer der Möbel anzusehen. Die Gegenansicht meint, es sei rein objektiv zu bestimmen, wer im Einzelfall als Hersteller anzusehen ist. Danach wäre wohl der U als Hersteller anzusehen. Da der Streit zu unterschiedlichen Ergebnissen führt, ist er zu entscheiden.

Die Rechtsprechung kann für ihre Auffassung vor allem den Grundsatz der Vertragsfreiheit anführen, die Gegenansicht orientiert sich demgegenüber an der objektiven Natur des § 950. Da der Wortlaut des § 950 rein objektiv gefasst ist, und keinerlei Hinweis auf die Möglichkeit einer subjektiven Gestaltung bietet, erscheint die Gegenansicht vorzugswürdig. Die durch U und L getroffene Vereinbarung ist daher belanglos, es kommt vielmehr auf die objektive Sachlage an.

Da U die Möbel herstellt, er also unmittelbar das wirtschaftliche Risiko trägt, das mit der Herstellung der neuen Sachen verbunden ist, ihn vor allem das Absatzrisiko trifft, ist nach der Verkehrsauffassung U als Hersteller der Sache anzusehen. Damit ist er und nicht L Hersteller und damit Eigentümer der Möbel geworden.

Damit wäre L nicht Eigentümer, es sei denn, U hätte nachfolgend das Eigentum auf L übertragen. Eine ausdrückliche Eigentumsübertragung auf L lässt sich dem Sachverhalt nicht entnehmen. Denkbar wäre allenfalls eine antipizierte Sicherungsübereignung im Hinblick auf die neu entstehenden Sachen. Da die Formulierung im Sachverhalt jedoch eindeutig eine Herstellerklausel zum Gegenstand hat, gibt es keine ausreichenden Hinweise auf die Vereinbarung einer solchen antizipierten Sicherungsübereignung.

Folglich ist L nicht Eigentümer der Möbel, mithin hat L schon deshalb gegen X keinen Anspruch auf Herausgabe der Möbel aus § 985.

Auf Frage des gutgläubigen Erwerbs durch X ist daher nicht einzugehen!

§§§§§§§§§§§§§§§§§§§§§§§§§§

Wiederholungsfragen zum 9. Kapitel

1. Wo ist der Eigentumsvorbehalt (EV) geregelt?	in § 449
2. Was ist dort geregelt?	nur die schuldrechtliche Seite
3. Wesentlicher Inhalt des EV?	Käufer und Verkäufer vereinbaren, dass die Ware bis zur vollständigen Bezahlung im Eigentum des Verkäufers verbleibt, dennoch aber übergeben wird
4. Rechtliche Konstruktion?	Eigentumsübertragung ist aufschiebend bedingt, § 158 Abs.1
5. Was ist diese Bedingung?	vollständige Zahlung des Kaufpreises
6. Voraussetzungen für wirksame EV-Vereinbarung?	aufschiebend bedingte Einigung; EV bei Übergabe vereinbart/erkennbar
7. Folge wirksamer EV-Vereinbarung?	Erwerber erwirbt Anwartschaftsrecht
8. Arten des EV?	einfacher, verlängerter, weitergeleiteter EV
9. Wesen des verlängerten EV?	EV erstreckt sich auf Gegenstände, die anstelle des EV-Gutes treten
10. Wie wird das in Verarbeitungsfällen bewirkt?	meist durch sog. Verarbeitungs- oder Herstellerklauseln
11. Was wird für Veräußerungsfälle vereinbart?	Sog. Vorausabtretungsklauseln bezüglich des Kaufpreises
12. Was ist ein weitergeleiteter EV?	EV-Käufer veräußert seinerseits unter EV an einen Dritten
13. Was gilt, wenn verlängerter EV und Globalzession miteinander kollidieren?	Prioritätsprinzip
14. Wann gilt dieses Prioritätsprinzip nicht?	wenn die Globalzession nach § 138 sittenwidrig ist
15. Wann kommt es vor allem zur Sittenwidrigkeit?	bei Knebelung, Kredittäuschung, Übersicherung

10. Kapitel

Das Eigentümer-Besitzer-Verhältnis

Allgemeines zum Eigentümer-Besitzer-Verhältnis

Das Eigentümer-Besitzer-Verhältnis (EBV) ist in §§ 987 ff geregelt. Es behandelt in §§ 987-993 die Nebenansprüche des Eigentümers auf Nutzungen und Schadensersatz gegenüber einem unberechtigten Besitzer und in §§ 994 ff dessen Gegenansprüche und Rechte. Es handelt sich bei den Ansprüchen um schuldrechtliche, nicht um dingliche Ansprüche. Sie sind daher vom Eigentum losgelöst zu behandeln, insbesondere selbständig abtretbar oder verpfändbar.

Das System der §§ 987 ff

Im EBV sind **drei Anspruchsgruppen** enthalten:

1. Schadensersatzansprüche des Eigentümers gegen den Besitzer
2. Nutzungsersatzansprüche des Eigentümers gegen den Besitzer
3. Verwendungsersatzansprüche des Besitzers gegen den Eigentümer

Innerhalb dieser Anspruchskategorien wird weiter unterschieden zwischen **bös- und gutgläubigen Besitzern.**

Anspruchsteller ist der **Eigentümer, Anspruchsgegner** der Besitzer, der **unberechtigt** besitzt. Diese Beziehung zwischen Eigentümer und unberechtigtem Besitzer beschreibt man auch als **Vindikationslage.** Sie ist stets im Rahmen der §§ 987 als erste Voraussetzung zu prüfen.

Der **Zweck des EBV** liegt darin, den bösgläubigen Besitzer schärfer als nach den allgemeinen Normen (z.B. §§ 677 ff, 812 ff, 823 ff) haften zu lassen und den gutgläubigen Besitzer zu privilegieren.

Auf §§ 987 ff ist § 278 und nicht § 831 wie bei den unerlaubten Handlungen anzuwenden.

Im Rahmen des Nutzungsersatzes sind sämtliche Nutzungen herauszugeben, im Übrigen haftet der Besitzer nach §§ 812, 818, nur unter engen Voraussetzungen nach §§ 677 ff. Schließlich steht dem bösgläubigen Besitzer nach § 994 nur Ersatz für notwendige Verwendungen zu, nach den allgemeinen Vorschriften könnte er sämtliche Verwendungen ersetzt verlangen.

102

Die Privilegierung des gutgläubigen Besitzers zeigt sich andererseits darin, dass er außer im Falle des § 991 Abs.2 keinen Schadensersatz zu leisten hat, Nutzungen nur nach Bereicherungsrecht herausgeben muss und auch nützliche Verwendungen ersetzt bekommt, näher dazu noch unten.

Die Ausschlussfunktion des EBV

Grundsätzlich bilden die Vorschriften des EBV innerhalb ihres Anwendungsbereiches eine **abschließende Sonderregelung** der Nebenansprüche des Eigentümers gegen den unrechtmäßigen Besitzer auf Nutzungsherausgabe und Schadensersatz. Sie können daher vor allem §§ 812 ff und 823 ff ausschließen. Wann und unter welchen Voraussetzungen dies der Fall ist im Einzelnen umstritten.

Vgl. dazu die Übersicht bei Jauernig Vor § § 987 – 993, 10ff.

Problematisch ist aber auch das Verhältnis zu den allgemeinen schuldrechtlichen Normen, wenn eine Herausgabe (aus § 985) nicht möglich ist oder nicht rechtzeitig erfolgt.

Bsp.: *Entleiher L kann nach Ende der Leihzeit die geliehene Sache nicht zurückgeben, da er sie zerstört hat.*

Einigkeit besteht insoweit, dass es zu konkurrenzproblemen erst nach Vertragsende kommen kann, da erst dann die erforderliche Vindiktionslage gegeben ist. Umstritten ist dann aber ob danach die allgemeinen Normen des Leistungsstörungsrechts (z.B. aus Verzug oder Unmöglichkeit) anwendbar sind.

Siehe dazu der Überblick bei Palandt-Bassenge Vor § 987, 10, sowie Diehn, Streitstände Sachenrecht, Streitstand 14.

Der unberechtigte Besitz i.S.d. §§ 987 ff

Ein EBV setzt stets **unberechtigten Besitz beim Anspruchsgegner** voraus. Entscheidend ist die Lage im Zeitpunkt der Schadenszufügung bzw. Nutzungsziehung. Unberechtigter Besitz liegt nicht vor, wenn ein Recht zum Besitz i.S.d. § 986 für den Besitzer besteht. Andererseits ist aber nicht jeder, der kein Besitzrecht hat, damit schon unberechtigter Besitzer i.S.d. §§ 987 ff. Insoweit ist der Anwendungsbereich der §§ 987 ff umstritten.

Die Schadensersatzansprüche nach §§ 989 ff

Die §§ 989, 990, 991 Abs.2 regeln den Schadensersatz wegen Verschlechterung, Untergang oder Unmöglichkeit der Herausgabe der Sache. Dabei ist zwischen der Haftung des gutgläubigen und des bösgläubigen Besitzers zu unterscheiden. Gut- bzw. Bösgläubigkeit muss im Hinblick auf die eigene Besitzberechtigung bestehen. Sie bestimmt sich nach § 932 Abs.2. **Bösgläubig** ist daher derjenige Besitzer, der das **Fehlen seines Besitzrechts kennt oder grob fahrlässig nicht kennt.**

Die Haftung des Prozessbesitzers/ bösgläubigen Besitzers nach §§ 989, 990

Dem bösgläubigen Besitzer steht der sog. Prozessbesitzer gleich, also derjenige, der vom Eigentümer auf Herausgabe nach § 985 verklagt worden ist.

Voraussetzungen des Schadensersatzanspruchs nach §§ 989, 990

1. Bestehen eines EBV
2. Verschlechterung, Untergang oder anderweitige
   Unmöglichkeit der Herausgabe der Sache des Eigentümers
3. Rechtshängigkeit (§ 989) oder bösgläubiger Besitz (§ 990)
4. Verschulden des Besitzers hinsichtlich der Verschlechterung,
   des Untergangs oder der Unmöglichkeit
5. Ersatzfähiger Schaden

Rechtsfolge: Schadensersatz

Das **EBV** muss zum Zeitpunkt des schädigenden Ereignisses bestanden haben. Erleidet die Sache vor oder während der Besitzbegründung Schaden, greifen die §§ 989, 990 nicht ein. Nicht erforderlich ist dagegen, dass das EBV zu dem Zeitpunkt, in dem der Anspruch aus §§ 989, 990 geltend gemacht wird, noch besteht.

Für die **Verschlechterung** ist ein objektiver Maßstab anzulegen.
Bsp.: Verschleiß, Beschädigung, Belastung mit einem Pfandrecht.

104

Untergang bedeutet Zerstörung, also Aufhebung der Existenz dieser Sache.

Bei der **anderweitigen Unmöglichkeit der Herausgabe** kommt sowohl objektive wie subjektive Unmöglichkeit in Betracht.

Für die **Rechtshängigkeit** sind die §§ 253 Abs.1, 261 Abs.1 und Abs.2 ZPO maßgebend. Die Rechtshängigkeit muss die - im Endeffekt erfolgreiche - Herausgabeklage aus § 985 betreffen. Mit Eintritt der Rechtshängigkeit muss der Besitzer mit der Pflicht zur Herausgabe rechnen und ist daher nicht mehr schutzwürdig.

Unter **Bösgläubigkeit** versteht man Unredlichkeit des Besitzers im Hinblick auf sein eigenes Besitzrecht. Er muss also bei Besitzerwerb vom fehlenden Besitzrecht entweder positive Kenntnis oder grob fahrlässige Unkenntnis aufweisen. Damit ein Besitzer, der bei Besitzerwerb gutgläubig war, später bösgläubig wird, bedarf es positiver Kenntnis vom Fehlen des Besitzrechtes, grob fahrlässige Unkenntnis genügt insoweit nicht.

Für das **Verschulden im Hinblick auf die Verschlechterung** gelten die allgemeinen Regeln, also §§ 276, 278.

Der **bösgläubige Besitzer** haftet nach § 990 Abs.2 darüber hinaus **verschärft** im Rahmen des Verzuges. Über § 287 besteht dann eine Haftung für zufälligen Untergang der Sache.

Der **Ersatz des Schadens** folgt aus den §§ 249 ff. Überwiegend meint man, auch der entgangene Gewinn sei zu ersetzen (str.).
Vgl. näher dazu: Diehn, Jur. Streitstände Sachenrecht, Streitstand 19.

Beachten Sie:	**Schadensersatz wegen normaler Abnutzung schließt einen Anspruch auf Herausgabe der Gebrauchsvorteile nach § 987 aus!**

Die Haftung des gutgläubigen Besitzers auf Schadensersatz nach § 991 Abs.2.

Der gutgläubige Besitzer haftet grundsätzlich nach § 989 nicht auf Schadensersatz. Allein § 991 Abs.2 enthält einen engen Sonderfall, in dem auch ein gutgläubiger Besitzer einmal schadensersatzpflichtig wird.

Voraussetzungen des § 991 Abs.2

1. Bestehen eines EBV
2. Verschlechterung, Untergang, Unmöglichkeit der Herausgabe
3. Gutgläubigkeit bei Besitzerwerb
4. gutgläubiger Besitzer ist Besitzmittler
5. gutgläubiger Besitzer würde dem mittelbaren Besitzer gegenüber haften
6. ersatzfähiger Schaden nach §§ 249 ff

Rechtsfolge: Schadensersatz

Entscheidend für diesen Anspruch ist, dass zwischen unmittelbarem Besitzer (= Besitzmittler) und mittelbarem Besitzer ein Haftungsverhältnis besteht. Ist dieses gegeben, so haftet der Besitzmittler dem Eigentümer gegenüber nach § 991 Abs.2. Haftet er dagegen nicht, so kann auch der Eigentümer keinen Ersatz verlangen. Das bedeutet, dass Haftungsfreistellungen im Rahmen des Besitzmittlungsverhältnisses auch dem Eigentümer gegenüber wirken.

Haftung des deliktischen Besitzers auf Schadensersatz nach § 992

Die Haftung des sog. Deliktbesitzers nach § 992 ist unabhängig von Gut- oder Bösgläubigkeit bzw. Rechtshängigkeit.

Voraussetzungen des § 992

1. Bestehen eines EBV
2. Besitzverschaffung durch (schuldhafte) verbotene Eigenmacht/Straftat

Rechtsfolge: Haftung des Besitzers auf Schadensersatz nach §§ 823 ff

Die **verbotene Eigenmacht** muss gegen den Eigentümer oder dessen Besitzmittler verübt worden sein. Streitig ist, ob sie schuldhaft (so die herrschende Meinung) erfolgen muss, oder ob sie auch schuldlos geschehen kann.

Die **Verweisung** auf die Vorschriften der unerlaubten Handlung ist eine **Rechtsgrundverweisung**. Es sind also die Voraussetzungen der §§ 823 ff zu prüfen.

Fall 11

K hat einen Pkw von V gemietet. V ist jedoch nach §§ 104, 105 geschäftsunfähig, was dem K auch bekannt war. Infolge unachtsamen Verhaltens erleidet K einen Unfall, bei dem der Wagen zerstört wird. Anspruch des V auf Schadensersatz wegen Zerstörung des Fahrzeugs?

Lösungsvorschlag

V könnte gegen K einen Anspruch aus §§ 989, 990 auf Schadensersatz haben.

Dann müsste zunächst ein Eigentümer-Besitzer-Verhältnis zum Zeitpunkt des schädigenden Ereignisses bestanden haben.

Der Anspruchsinhaber, V, müsste Eigentümer des Wagens sein. Er ist als Vermieter einer Sache aufgetreten. Üblicherweise ist der Vermieter einer Sache auch deren Eigentümer, so dass davon ausgegangen werden kann, dass V ursprünglich Eigentümer des Pkw war. Hinweise auf einen Verlust des Eigentums gibt der Sachverhalt nicht. Folglich war V zum Zeitpunkt des Schadenseintritts Eigentümer des Pkw.

Der Anspruchsgegner, K, müsste unberechtigter Besitzer gewesen sein. Er hatte den Wagen von V gemietet, übte daher die tatsächliche Sachherrschaft aus, war also deren Besitzer nach § 854. Da der von den Parteien geschlossene Mietvertrag wegen der Geschäftsunfähigkeit des V unwirksam war, fehlt es an einem Recht zum Besitz für K. Folglich war K zum Zeitpunkt des Schadenseintrittes unberechtigter Besitzer.

Damit ist ein EBV zum Zeitpunkt des Schadenseintritts gegeben.

Weiter müsste K sog. Prozessbesitzer gewesen sein. Die dazu erforderliche Rechtshängigkeit lässt sich dem Sachverhalt nicht entnehmen. Nach § 990 wird jedoch dem Prozessbesitzer der bösgläubige Besitzer gleichgestellt. Da K laut Sachverhalt wusste, dass V geschäftsunfähig war, war ihm auch bekannt, dass der mit diesem geschlossene Mietvertrag unwirksam war. Folglich hatte K Kenntnis oder zumindest grob fahrlässige Unkenntnis von seinem fehlenden Besitzrecht. Also war K bösgläubig i.S.d. §§ 990, 932 Abs.2. Diese Bösgläubigkeit bestand auch zum Zeitpunkt des Besitzerwerbs.

Damit liegen die Voraussetzungen der §§ 989, 990 vor, so dass K für den Schaden verantwortlich ist, der dadurch entstand, dass infolge seines Verschuldens die Sache untergegangen ist. Hier hat K infolge unachtsamen Verhaltens die Zerstörung des Wagens herbeigeführt, also dessen Untergang verschuldet. Dieses Schadensereignis trat auch nach seinem bösgläubigen Besitzerwerb ein, so dass die Voraussetzungen für die Haftung nach §§ 989, 990 gegeben sind.

V hat daher gegen K einen Anspruch auf Schadensersatz aus §§ 989, 990.

Daneben stehen V auch Ansprüche auf Nutzungsersatz nach §§ 992, 823ff zu, s.u.

§§§§§§§§§§§§§§§§§§§§§§§§

Der Nutzungsersatz nach §§ 987 ff

Auch beim Nutzungsersatz ist zwischen bösgläubigem/verklagtem Besitzer einerseits und gutgläubigem Besitzer andererseits zu unterscheiden.

Die Haftung des bösgläubigen/verklagten Besitzers auf Nutzungsersatz nach §§ 987 ff

Der bösgläubige Besitzer ist grundsätzlich nach § 987 Abs.1 zur Herausgabe der Nutzungen, die er nach Eintritt der Rechtshängigkeit zieht, verpflichtet.

Voraussetzungen des Anspruchs aus § 987 Abs.1

1. Bestehen eines Eigentümer-Besitzer-Verhältnisses
2. Bösgläubigkeit/Rechtshängigkeit
3. Nutzungen durch den Besitzer

Unter **Nutzungen** versteht man Früchte und sonstige Gebrauchsvorteile i.S.d. §§ 99, 100. Wesentlich für den Nutzungsbegriff ist, dass die Muttersache als solche erhalten bleibt. Daher können der Verbrauch oder die Verarbeitung einer Sache nicht unter dem Nutzungsbegriff erfasst werden.

Das **Eigentümer-Besitzer-Verhältnis** muss zum Zeitpunkt dieser Nutzung bestanden haben.

Beachten Sie: Bei den gezogenen Früchten ist erforderlich, dass sie in das Eigentum des Besitzers und nicht des Eigentümers der Sache gelangt sind. Stehen sie im Eigentum des Sacheigentümers, kann dieser nach § 985 die Herausgabe der Früchte verlangen.

Rechtsfolge: Herausgabe vorhandener Früchte oder gezogener Nutzungen, die nach Eintritt der Rechtshängigkeit gezogen wurden

Soweit die Herausgabe nicht möglich ist, ist Wertersatz zu leisten, dies gilt insbesondere für empfangene Gebrauchsvorteile.

Nach § 987 Abs.2 besteht darüber hinaus für den bösgläubigen/ verklagten Besitzer die Pflicht zum Ersatz von ordnungswidrig nach Eintritt der Rechtshängigkeit nicht gezogenen Nutzungen. Für diesen Anspruch ist zusätzlich zu den nach Abs.1 erforderlichen Voraussetzungen notwendig, dass die Ziehung von Nutzungen nach den ordnungsgemäßen Wirtschaftsregeln möglich gewesen ist. Weitere Voraussetzung ist sodann, dass der Besitzer die Nutzungsziehung schuldhaft unterlassen hat.

Die Haftung des gutgläubigen Besitzers auf Nutzungsersatz nach §§ 987 ff

Die Haftung des gutgläubigen Besitzers lässt sich nur fragmentarisch aus §§ 987 ff entnehmen.

In § 993 ist ein Sonderfall geregelt: der gutgläubige Besitzer ist danach verpflichtet, sog. Übermaßfrüchte, die in sein Eigentum gefallen sind, nach Maßgabe der §§ 812, 818 herauszugeben. Nach § 993 Abs.1, 2.Halbsatz besteht ansonsten keine Pflicht zur Herausgabe von Nutzungen oder zum Schadensersatz.

Außer in diesem Ausnahmefall ist beim gutgläubigen Besitzer zwischen gutgläubigem entgeltlichen und gutgläubigem unentgeltlichen Besitz zu unterscheiden.

Ist der **Besitz entgeltlich erlangt**, fehlt eine Regelung in den §§ 987, 988. Da diese Vorschriften abschließenden Charakter haben, sind die §§ 812 ff nicht anwendbar (Argument aus § 993 Abs.1). Damit fehlt es an einer entsprechenden Anspruchsgrundlage, so dass der gutgläubige entgeltliche Besitzer die von ihm gezogenen Nutzungen nicht herauszugeben braucht.

Der **gutgläubige unentgeltliche Besitzer** haftet nach Maßgabe des § 988. Er ist danach zur Herausgabe der Nutzungen, die er vor Eintritt der Rechtshängigkeit zieht, nach den Vorschriften über die Herausgabe einer ungerechtfertigten Bereicherung verpflichtet.

Voraussetzungen des § 988

1. **Bestehen eines EBV**
2. **Eigenbesitz oder Fremdbesitz aufgrund eines vermeintlichen Nutzungsrechts**
3. **unentgeltlicher Erwerb des Besitzes**
4. **keine Bösgläubigkeit/Rechtshängigkeit zum Zeitpunkt der Nutzungsziehung**

Rechtsfolge: Herausgabe nach §§ 812, 818

Unentgeltlicher Erwerb liegt beispielsweise bei Schenkung oder Leihe mit entsprechender Vereinbarung zur Fruchtziehung vor. Umstritten ist, ob dem unentgeltlichen Erwerb der rechtsgrundlose Erwerb in diesen Fällen gleichzustellen ist.

> Vgl. näher dazu: Jauernig, vor § 987, 13;
>
> Diehn, Jur. Streitstände Sachenrecht, Streitstand 16.

Bei der **Verweisung** auf die ungerechtfertigte Bereicherung handelt es sich um eine **Rechtsfolgenverweisung**, d.h. die Voraussetzungen des § 812 sind nicht mehr zu prüfen, lediglich die Rechtsfolge ist nach § 818, insbesondere § 818 Abs.2, zu bestimmen.

Die Haftung des deliktischen Besitzers auf Nutzungsherausgabe

Die Haftung des sog. Deliktsbesitzers besteht in der Herausgabe nach §§ 992, 823 ff. Danach muss der Deliktsbesitzer die Nutzungen ersetzen, die der Eigentümer gezogen hätte.

Weitergehend ist man der Auffassung, dass der Deliktsbesitzer nach §§ 992, 823 auch die Nutzungen herausgeben muss, die ein Eigentümer nicht gezogen hätte, die er jedoch selbst gezogen hat.

Fall 12

A hat B sein Motorrad geliehen. Nach einer Woche verlangt er das Motorrad zurück. B gibt es aber nicht heraus. Er unternimmt am Wochenende noch eine ausgedehnte Ausflugsfahrt, bevor er es A zurückgibt. A verlangt von B Nutzungsersatz. Zu Recht?

110

Lösungsvorschlag

Vertragliche Ansprüche auf Nutzungsersatz sind nicht ersichtlich, da der Leihvertrag gerade die unentgeltliche Überlassung zur Nutzung zum Gegenstand hat.

A könnte jedoch gegen B Anspruch auf Ersatz seiner Nutzungen aus § 280 Abs.1 haben. Dann müsste unter anderem ein Schuldverhältnis zwischen den Parteien bestehen. Hier käme der Leihvertrag in Betracht. Dieser ist mangels gegenteiliger Angaben wirksam zustande gekommen. Fraglich ist jedoch, ob er zur Zeit der Nutzungsziehung, also bei der Wochenendfahrt, bereits wieder erloschen war. Eine Vereinbarung über die Beendigung des Leihvertrages lässt sich dem Sachverhalt nicht entnehmen. Folglich richtet sich die Beendigung des Leihvertrages nach § 604 Abs.3, wonach der Verleiher die Leihsache jederzeit zurückfordern kann. Mit der Aufforderung des A an B, das Motorrad zurückzugeben, war der Leihvertrag beendet. Ein bestehendes Schuldverhältnis ist daher nicht gegeben, § 280 Abs.1 scheidet somit aus.

A könnte jedoch gegen B einen Anspruch auf Nutzungsersatz nach § 987 haben.

Dann müsste zunächst ein EBV zwischen A und B zur Zeit der Nutzungsziehung bestanden haben.

Mangels gegenteiliger Angaben kann davon ausgegangen werden, dass der Verleiher, A, Eigentümer des Motorrades war. Zur Zeit der fraglichen Nutzungen hatte B die tatsächliche Sachherrschaft über das Motorrad, war nach § 854 also dessen Besitzer.

Weiter müsste B unberechtigter Besitzer gewesen sein. Ein Besitzrecht könnte B allenfalls aus dem Leihvertrag ableiten. Dieser ist jedoch, wie oben geprüft, durch das Herausgabeverlangen von A erloschen. Folglich hat B kein Besitzrecht aus dem Leihvertrag mehr gehabt, als er die fraglichen Nutzungen zog.

Umstritten ist nun, ob in derartigen Fällen damit auch ein Besitzrecht im Sinne der §§ 987 ff entfällt oder nicht.

Während die Rechtsprechung in diesen Fällen Nutzungsersatz nach §§ 987 ff gewähren will, da ein Besitzrecht mangels Vertrages gerade nicht mehr bestehe, meint eine starke Gegenansicht, die §§ 987 ff blieben unanwendbar. Da der Streit zu unterschiedlichen Ergebnissen führt, ist er zu entscheiden.

Für die Rechtsprechung lässt sich anführen, dass formal zum Zeitpunkt der Nutzungsziehung tatsächlich keine Berechtigung zum Besitz mehr bestand. Dagegen überzeugt die andere Ansicht allerdings mehr, wenn sie darauf abstellt, dass die Vorschriften der §§ 987 ff auf den unberechtigten Ersterwerb des Besitzes abstellen, nicht auf nach dem Ersterwerb liegende Änderungen in der Qualität des Besitzes. Folglich ist mit der Gegenansicht davon auszugehen, dass die §§ 987 ff in derartigen Fällen nicht anwendbar sind.

Die Behandlung des Streitstandes, vor allem die Argumentation in der Streitentscheidung ist bewusst sehr knapp gehalten, da dies aus Platzgründen unumgänglich ist. In der Klausur sollte der Verfasser sich bemühen, die Argumente ausführlicher darzustellen und abzuwägen!

Damit hat A keinen Anspruch auf Nutzungsersatz aus § 987 gegen B.

§§§§§§§§§§§§§§§§§§§§§§§§§§§§§

Die Verwendungsersatzansprüche nach §§ 994 ff

Die §§ 994 ff betreffen die Gegenansprüche des Besitzers auf Verwendungsersatz im EBV.

Die §§ 994 ff unterscheiden zunächst zwischen gutgläubigem und bösgläubigem Besitzer. Dem bösgläubigen Besitzer wird der verklagte gutgläubige Besitzer gleichgestellt, vgl. §§ 994 Abs.2, 996. Weiter unterscheiden die Vorschriften über den Verwendungsersatz nach der Art der Verwendung.

Das Gesetz hat in §§ 994, 995 zunächst die notwendigen Verwendungen und deren Ersatzfähigkeit geregelt. In § 996 findet sich dann eine Regelung für nützliche Verwendungen.

Der Begriff der Verwendungen

Verwendungen sind Vermögensaufwendungen, die der Sache zugute kommen sollen, ohne sie wesentlich zu verändern

Es muss sich dabei um Maßnahmen handeln, die der Erhaltung, Wiederherstellung oder Verbesserung der Sache dienen. Zu den Verwendungen zählen auch Arbeiten an der Sache in Form von Reparaturen, nicht aber Aufwendungen für ihre Verwaltung oder der bezahlte Kaufpreis. Nach dem sog. engen Verwendungsbegriff scheiden jedoch solche Maßnahmen aus, die die Zweckbestimmung der Sache grundlegend verändern (str.), z.B. grundlegende bauliche Veränderungen.

Vgl. näher dazu: Diehn, Jur. Streitstände Sachenrecht, Streitstand 25.

Man unterscheidet notwendige, nützliche und sonstige Verwendungen.

Notwendige Verwendungen sind Aufwendungen, die zur Erhaltung oder ordnungsgemäßen Nutzung einer Sache objektiv erforderlich sind. Dazu zählen neben Reparaturkosten etc. auch die gewöhnlichen Erhaltungsaufwendungen.

Nützliche Verwendungen sind Aufwendungen, die den Wert der Sache steigern oder ihre Gebrauchstauglichkeit erhöhen. Dabei ist die Nützlichkeit rein objektiv im Sinne einer Erhöhung des Verkehrswertes zu verstehen.

Str., vgl. näher dazu: Diehn, Jur. Streitstände Sachenrecht, Streitstand 29.

Sonstige Verwendungen, auch Luxusverwendungen genannt, sind Aufwendungen, die den Verkehrswert einer Sache nicht steigern, also nicht nützlich sind.

Der Ersatz notwendiger Verwendungen des gutgläubigen Besitzers

Nach § 994 Abs.1 S.1 kann der gutgläubige Besitzer für die von ihm getätigten notwendigen Verwendungen Ersatz verlangen. Von dieser Regelung findet sich in § 994 Abs.1 S.2 eine Ausnahme.

Der **gutgläubige entgeltliche Besitzer** kann danach die gewöhnlichen Erhaltungskosten nicht ersetzt verlangen, da ihm die Nutzungen der Sache verbleiben, so dass kein Herausgabeanspruch gegen ihn besteht, s.o.

Der **gutgläubige unentgeltliche Besitzer** hat demgegenüber nach § 998 die Nutzungen herauszugeben, folglich kann er nach § 994 Abs.1 Ersatz der gewöhnlichen Unterhaltskosten verlangen.

Voraussetzungen des § 994 Abs.1 S.1

1. Bestehen eines EBV
2. notwendige Verwendungen des Besitzers auf die Sache
3. Besitzer ist gutgläubig und unverklagt
4. kein Fall des § 994 Abs.1 S.2

Die notwendigen Verwendungen des bösgläubigen/verklagten Besitzers

Den Anspruch des bösgläubigen / verklagten Besitzers auf notwendige Verwendungen regelt § 994 Abs.2. Danach kann dieser Ersatz nur nach den Vorschriften über die GoA erhalten. **Anspruchsgrundlage**: §§ 683, 679, 684 S.2, wobei ein Fremdgeschäftsführungswille nicht erforderlich ist.

Beachten Sie: **§ 994 Abs.1 S.2 soll analog auch auf einen bösgläubigen Besitzer anzuwenden sein, dem wegen § 991 Abs.1 ausnahmsweise die Nutzungen verbleiben.**

Der Ersatz nützlicher Verwendungen nach § 996

Nach § 996 kann nur der **unverklagte gutgläubige Besitzer** Ersatz für Verwendungen verlangen, die nicht notwendig sind. Da die Vorschrift verlangt, dass der Wert der Sache erhöht ist, wenn der Eigentümer die Sache zurückerhält, spricht man auch von nützlichen Verwendungen. Ein Ersatzanspruch scheidet dementsprechend aus, wenn die Verwendungen entweder von Beginn an nicht nützlich waren oder aber die Werterhöhung zum Zeitpunkt der Rückgabe an den Eigentümer nicht mehr vorhanden ist.

Der **bösgläubige oder verklagte Besitzer** kann keinen Ersatz für nützliche Verwendungen verlangen. Ihm steht lediglich ein Wegnahmerecht im Rahmen des § 997 zu.

Voraussetzungen des § 996

1. **Bestehen eines EBV**
2. **Verwendungen auf die Sache**
3. **Werterhöhung der Sachen durch die Verwendungen noch zur Zeit der Rückgabe an den Eigentümer**
4. **Besitzer ist gutgläubig und unverklagt**

Das Wegnahmerecht nach § 997

Neben Verwendungsersatzansprüchen gewährt § 997 dem Besitzer ein Wegnahmerecht, wenn er eine Sache des Eigentümers mit einer anderen Sache dergestalt verbunden hat, dass die Sache des Eigentümers wesentlicher Bestandteil der anderen Sache geworden ist, vgl. §§ 93, 94; 946, 947.

Voraussetzung des § 997

1. Bestehen eines EBV
2. Sache des Besitzers ist wesentlicher Bestandteil einer Sache des Eigentümers geworden

Rechtsfolge: **Der Besitzer hat das Recht, seine ehemalige Sache herauszutrennen und sich anzueignen.**

Dieser **Anspruch** ist nach Abs.2 **ausgeschlossen**, wenn

1. die Trennung für den Besitzer keinen Nutzen haben würde oder
2. der Besitzer Wertersatz erhält oder
3. es sich um eine gewöhnliche Erhaltungsmaßnahme nach § 994 Abs.1 S.2 handelt und deshalb kein Ersatz verlangt werden kann.

Ferner gilt § 997 dann nicht, wenn durch die Verbindung die Sache nur unwesentlicher Bestandteil einer anderen geworden ist. Da der Besitzer in diesen Fällen das Eigentum an seiner Sache nicht verliert, hat er stets das Wahlrecht, ob er Ersatz seiner Verwendungen nach §§ 994 ff wählen oder aber die Sache nach § 985 wieder zurückverlangen will.

§ 999 regelt die Frage des Ersatzes von Verwendungen, die der Rechtsvorgänger des Besitzers auf die Sache gemacht hat.

Sofern der Besitzer ersatzfähige Verwendungen getätigt hat, steht ihm nach § 1000 ein Zurückbehaltungsrecht zu.

Der Anspruch auf Verwendungsersatz wird nach § 1001 S.1 fällig, wenn der Eigentümer die Sache wiedererlangt oder die Verwendungen genehmigt. Nach § 1002 Abs.1 erlischt der Anspruch auf Verwendungsersatz bei beweglichen Sachen nach einem Monat ab Herausgabe der Sache an den Eigentümer, es sei denn, dieser hat die Verwendung genehmigt oder sie werden gerichtlich geltend gemacht.

Schließlich steht dem Besitzer nach Maßgabe des § 1003 ein pfandartiges Befriedigungsrecht zu, wenn der Eigentümer trotz Aufforderung innerhalb einer angemessenen Frist nicht seine Bereitschaft zum Verwendungsersatz erklärt hat.

Fall 13

A hat von B eine EDV-Anlage gemietet. Es stellt sich heraus, dass der Mietvertrag unwirksam war. B verlangt daraufhin die Herausgabe der Anlage aus § 985. A, der von der Unwirksamkeit nichts wusste, verlangt Ersatz folgender, während seiner Mietzeit angefallener Kosten:

1. Kosten für regelmäßige Wartungsarbeiten

2. Aufrüstung der Anlage, um sie dem neuesten Stand der Technik anzupassen.

Hat A Anspruch auf Ersatz dieser Aufwendungen?

Lösungsvorschlag

A könnte gegen B einen Anspruch auf Verwendungsersatz nach §§ 994, 996 haben.

Dann müsste zwischen A und B zunächst ein EBV bestanden haben. Mangels gegenteiliger Angaben kann davon ausgegangen werden, dass B als Vermieter der Maschine auch deren Eigentümer war. Während der Mietzeit übte A die tatsächliche Sachherrschaft über sie aus, war also nach § 854 deren Besitzer. Da ein mögliches Besitzrecht aus dem Mietvertrag wegen dessen Unwirksamkeit nicht gegeben ist, war A auch unrechtmäßiger Besitzer i.S.d. §§ 987 ff. Damit ist ein EBV nach §§ 987 ff gegeben.

Weiter müsste A notwendige Verwendungen getätigt haben. Notwendige Verwendungen sind Vermögensaufwendungen, die der Sache zugute kommen, ohne sie wesentlich zu verändern. Namentlich erfasst werden vor allem Maßnahmen, die der Erhaltung oder Verbesserung der Sache dienen.

Die Wartungsarbeiten, die A vornehmen ließ, dienen der Erhaltung der Anlage und die Aufrüstung auf den neuesten Stand der Technik stellt eine Verbesserung der Sache dar.

Damit handelt es sich bei den Aufwendungen des A um Verwendungen. Fraglich ist jedoch, ob diese i.S.d. § 994 notwendig waren.

Die regelmäßigen Wartungsarbeiten sind zur Instandhaltung der Anlage erforderlich, daher notwendige Verwendungen. Beim Aufrüsten der Anlage auf den neuesten Stand der Technik handelt es sich nicht um Erhaltungsaufwendungen, die objektiv erforderlich sind, die Sache funktionsfähig zu erhalten. Folglich ist dieser Aufwand nicht notwendig i.S.d. § 994.

Es könnte sich jedoch um nützliche Verwendungen handeln, die nach § 996 ebenfalls ersatzfähig sind. Nützliche Verwendungen sind solche, die bei Rückgabe der Sache noch werterhöhend vorhanden sind. Dadurch, dass A die EDV-Anlage auf den neuesten Stand der Technik brachte, dieser Stand der Technik auch bei Rückgabe der Anlage noch werterhöhend vorhanden ist, handelt es sich um nützliche Verwendungen.

Weiter müsste A gutgläubig und unverklagt den Besitz an der Sache erlangt haben. A wusste nichts von der Unwirksamkeit des Mietvertrages. Die Verwendungen wurden getätigt, bevor B sein Rückgabeverlangen geltend machte. Folglich war A gutgläubig und unverklagt.

Dem Anspruch auf Ersatz der Verwendungen könnte jedoch § 994 Abs.1 S.2 entgegenstehen. Danach kann der Besitzer Verwendungen, die gewöhnliche Erhaltungskosten darstellen, nicht ersetzt verlangen, soweit ihm die Nutzungen der Sache verbleiben.

Ob A die Nutzungen, die er aus der Anlage zog, behalten darf oder nicht, regelt sich nach §§ 987, 988, 993 Abs. 1.

Ein Fall des § 993 Abs. 1 scheidet mangels übermäßiger Nutzung hier jedenfalls aus.

Da A gutgläubiger, unverklagter Besitzer ist, kommt allenfalls eine Haftung nach § 988 auf Nutzungsherausgabe in Betracht. Voraussetzung dafür ist jedoch nach dieser Vorschrift, dass A den Besitz unentgeltlich erlangt hat. Unentgeltliche Besitzerlangung i.s.d. § 988 bedeutet, dass die Besitzerlangung selbst unentgeltlich erfolgt sein muss, z.b. im Rahmen einer Leihe oder durch Schenkung. Nicht gleichzusetzen sind diese Fälle denen, in denen jemand den Besitz rechtsgrundlos erwirbt und daher ggf. bezahlte Nutzungsentgelte über die Vorschriften der ungerechtfertigten Bereicherung zurückverlangen kann. Da hier A die Maschine im Rahmen eines Mietvertrages erhielt, ein solcher Vertrag grundsätzlich entgeltlich ist, hat er die EDV-Anlage nicht unentgeltlich i.s.d. § 988 erlangt. Der hier angesichts des unwirksamen Mietvertrags vorliegende rechtsgrundlose Erwerb steht einem unentgeltlichen Erwerb auch nicht gleich. Also haftet er auch nicht auf Herausgabe der Nutzung, diese verbleiben ihm mithin. Damit liegen die Voraussetzungen des Ausschlusses für den Ersatz notwendiger Verwendungen nach § 994 Abs.1 S.2 vor.

Deshalb kann A keinen Ersatzanspruch im Hinblick auf die Kosten der regelmäßigen Wartungsarbeiten gegen B geltend machen.

Demgegenüber hat A gegen B einen Anspruch auf Ersatz seiner nützlichen Verwendung nach §§ 994, 996.

§§§§§§§§§§§§§§§§§§§§

117

Sonderprobleme des EBV

Das EBV weist zahlreiche Sonderprobleme auf. Die Vielzahl der streitigen Fragen kann an dieser Stelle nicht umfassend dargestellt werden, da dies weder dem Zweck des Skripts entsprechen würde, noch aus Platzgründen zu verwirklichen wäre. Daher wird nachfolgend nur überblickartig auf einige wichtige Sonderprobleme im Rahmen des EBV eingegangen.

Der "Nicht-mehr-Berechtigte"

Entfällt ein bestehendes Besitzrecht nachträglich, so insbesondere bei zeitlich befristeten Überlassungsverträgen, so tritt neben den Rückgabeanspruch aus dem vertraglichen Schuldverhältnis der Herausgabeanspruch aus § 985. Ob daneben die §§ 987 ff zur Anwendung kommen ist fraglich, wird aber überwiegend bejaht.

Bsp.: A hat an B eine Sache vermietet. A kündigt das Mietverhältnis. - Mit Beendigung des Mietverhältnisses entfiel das Besitzrecht des B, er wurde unberechtigter Besitzer i. S. eines EBV.

Vgl. dazu: Diehn, Jur. Streitstände Sachenrecht, Streitstand 14; BGHZ 71, 224 ff.

Der "Nicht-so-Berechtigte"

Von einem "Nicht-so-Berechtigten" spricht man, wenn ein rechtmäßiger Fremdbesitzer sein bestehendes Besitzrecht überschreitet.

Bsp.: A überschreitet sein Recht aus dem Mietvertrag, indem er die Sache über Gebühr benutzt, vertragswidrig untervermietet etc.

In diesen Fällen ist der Besitzer zwar zu diesem Verhalten nicht berechtigt, dennoch wird er deshalb nicht zum unrechtmäßigen Besitzer im Sinne eines EBV. Der Eigentümer hat hier Ansprüche nach §§ 823 ff, die §§ 987 ff sind nicht anwendbar.

Umstritten ist die Lage dagegen, wenn jemand zunächst berechtigten Fremdbesitz inne hat, dann aber diesen in unberechtigten Eigenbesitz wandelt, sog. "**Aufschwingen zum Eigenbesitzer**".

Bsp.: A hat B eine Sache geliehen. B bietet diese Sache C zum Erwerb an. - Dadurch, dass B die Sache zum Erwerb anbietet, gibt er zu erkennen, dass er die Sache nicht mehr für A besitzen will. Mangels Fremdbesitzerwillens hat sich daher der vorher bestehende Fremdbesitz in Eigenbesitz gewandelt. Da dieser nicht mehr vom zuvor abgeschlossenen Leihvertrag gedeckt ist, handelt es sich um unberechtigten Eigenbesitz.

Nach überwiegender Ansicht in der Literatur sind §§ 987 ff in diesen Fällen nicht anwendbar. Nach der Rechtsprechung (vgl. BGHZ 31, 133 ff) liegt in diesem "Aufschwingen zum Eigenbesitzer" dagegen eine selbständige Besitzbegründung, die zu unberechtigtem Besitz i.S.d. §§ 987 ff führt. Danach sind bei "Aufschwungfällen" §§ 987 ff anwendbar.

Dazu Palandt-Bassenge Vor § 987, 11 mwN.

Der Fremdbesitzerexzess

Von einem Fremdbesitzerexzess spricht man, wenn der

unberechtigte Fremdbesitzer die Grenzen seines vermeintlichen Besitzrechtes überschreitet.

Obwohl grundsätzlich die §§ 823 ff nur im Rahmen des § 992 eingreifen (s.o.), ist man gleichwohl der Ansicht, dass auch in diesen Fällen §§ 823 ff anzuwenden sind. Die Begründung liegt darin, dass der unrechtmäßige nicht besser stehen soll als der rechtmäßige Fremdbesitzer. Rechtmäßiger Fremdbesitz würde nämlich kein EBV auslösen, so dass sich eine Konkurrenzfrage der §§ 823 ff zu §§ 987 ff nicht stellen würde. Damit stünde jedoch der aus §§ 823 ff haftende rechtmäßige Fremdbesitzer schlechter als der nicht aus §§ 823 haftende unrechtmäßige Fremdbesitzer, wenn man es auch in diesem Fall bei der Ausschlussfunktion der §§ 987 ff beließe. Folglich muss der unrechtmäßige Fremdbesitzer bei einem Fremdbesitzerexzess aus §§ 823 ff haften.

Bsp.: L beschädigt schuldhaft die Leihsache des Verleihers V. Der Leihvertrag war unwirksam, was weder L noch V wussten. - L haftet nicht aus § 280 Abs.1, da ein bestehendes Schuldverhältnis fehlt. Er haftet auch nicht aus §§ 989, 990, weil er gutgläubig war. Auch die Voraussetzungen des § 992 liegen nicht vor, da es an verbotener Eigenmacht seitens des L fehlt. Entgegen der sonstigen Ausschlussfunktion der §§ 987 werden hier §§ 823 ff nicht durch das EBV verdrängt, so dass L aus §§ 823 ff auf Schadensersatz haftet.

Die Lehre vom Fremdbesitzerexzess ist grundsätzlich für den gutgläubigen unrechtmäßigen Fremdbesitzer entwickelt worden. Aber auch der bösgläubige unrechtmäßige Fremdbesitzer muss entsprechend behandelt werden, da er nicht besser stehen darf als der gutgläubige rechtmäßige Fremdbesitzer. In diesen Fällen kommen dann §§ 989, 990 und §§ 823 ff nebeneinander zur Anwendung.

Kein Fremdbesitzerexzess i.S. dieser Terminologie ist die Überschreitung eines bestehenden Besitzrechtes durch den berechtigten Fremdbesitzer. Mangels unberechtigten Besitzes liegt hier kein EBV vor, der Besitzer haftet uneingeschränkt nach den allgemeinen Regeln (§ 280 Abs.1, §§ 823 ff etc.).

Zur Vertiefung zum EBV:
Rauda / Zenthöfer, 25 Fälle, Sachenrecht, Fälle 10 und 11.

1. Wo ist das EBV geregelt?

   in §§ 987 ff

2. Was behandelt es?

   Nebenansprüche des Eigentümers und Verwendungsansprüche des Besitzers

3. Was für Ansprüche gibt es dort?

   Schadensersatz, Nutzungsersatz, Verwendungsersatz

4. Wie ist innerhalb dieser Anspruchskategorien zu unterscheiden?

   zwischen bös- und gutgläubigem Besitz

5. Was ist Voraussetzung für alle Ansprüche aus §§ 987 ff?

   die Vindikationslage

6. Was besagt der Begriff der Vindikationslage?

   Anspruchsinhaber ist Eigentümer, Anspruchsgegner ist unberechtigter Besitzer

7. Wann scheiden §§ 987 ff grundsätzlich aus?

   wenn dem Besitzer ein Besitzrecht i.S.d. § 986 zusteht

8. Grundgedanke des Haftungssystems der §§ 987 ff?

   Privilegierung des gutgläubigen und Haftungsverschärfung des bösgläubigen Besitzers

9. Wirkung des EBV?

   schließt weitgehend andere Ansprüche des Eigentümers gegen den unrechtmäßigen Besitzer aus

10. Was regeln §§ 989, 990?

    Schadensersatzanspruch des bösgläubigen/Prozessbesitzers

11. Wann liegt Bösgläubigkeit vor?

    Kenntnis/grobfahrlässige Unkenntnis vom fehlenden Besitzrecht

12. Wann muss diese Kenntnis etc. vorliegen?

    bei Besitzerwerb

13. Wie ist die Lage bei späterer Bösgläubigkeit?

    nur positive Kenntnis ist beachtlich

14. Wie haftet der gutgläubige Besitzer auf Schadensersatz?

    nur gem. § 991 Abs.2, 989

15. Was setzt dies vor allem voraus?

    der gutgläubige Besitzer ist Besitzmittler und würde mittelbarem Besitzer gegenüber haften

16. Wo ist die Haftung des sog. Deliktbesitzers geregelt?

    in § 992

17. Wie haftet dieser?

    nach §§ 823 ff

18. Welcher Natur ist die Verweisung in § 992?

    ist Rechtsgrundverweisung

19. Wie ist bei Nutzungsersatz zu unterscheiden?

    zwischen bösgläubigem/ Prozessbesitzer und gutgläubigem Besitzer

120

20. Wie haftet der bösgläubige Besitzer?	nach § 987 Abs.1 auf Herausgabe
21. Voraussetzungen dieses Anspruchs?	EBV; Bösgläubigkeit; Nutzungsziehung
22. Wie ist das zeitliche Verhältnis des EBV zur Nutzung?	EBV muss zum Zeitpunkt der Nutzung bestanden haben
23. Wie wird die Haftung des bösgläubigen Besitzers erweitert?	Durch § 987 Abs.2 auf pflichtwidrig nicht gezogene Nutzungen
24. Wo ist die Haftung des gutgl. Besitzers und Nutzungsersatz geregelt?	in §§ 987, 988, 993
25. Voraussetzungen des § 988?	EBV; Besitz aufgrund vermeintlichen Nutzungsrechts; unentgeltlicher Erwerb des Besitzes; keine Bösgläubigkeit
26. Rechtsfolge des § 988?	Herausgabe nach §§ 812, 818
27. Was muss der gutgläubige Besitzer herausgeben?	sog. Übermaßfrüchte, § 993 Abs. 1
28. Wie haftet der deliktische Besitzer bzgl. der Nutzungen?	nach §§ 992, 823 ff
29. Wie ist bei §§ 994 ff zu unterscheiden?	zwischen gutgläubigem und bösgläubigem Besitz
30. Wie ist bei den Verwendungen zu unterscheiden?	notwendige, nützliche, Luxusverwendungen
31. Was kann der gutgläubige Besitzer verlangen?	Ersatz notwendiger und nützlicher Verwendungen
32. Was sind nützliche Verwendungen?	solche, die den Wert der Sache objektiv steigern
33. Was kann der bösgläubige Besitzer ersetzt verlangen?	nur notwendige, keine nützlichen Verwendungen
34. Welche Rechte bestehen daneben noch?	Wegnahmerecht nach § 997
35. Was beschreibt der "Nicht-so-Berechtigte"?	ein rechtmäßiger Fremdbesitzer überschreitet sein bestehendes Besitzrecht
36. Behandlung dieser Fälle?	Nicht nach §§ 987 ff, da kein EBV
37. Wann macht die Rechtsprechung eine Ausnahme davon?	beim "Aufschwingen zum Eigenbesitzer"
38. Was besagt der "Nicht-mehr-Berechtigte"?	ein bestehendes Besitzrecht entfällt nachträglich
39. Behandlung dieser Fälle?	streitig, ob §§ 987 ff anwendbar
40. Was ist ein Fremdbesitzerexzess?	unberechtigter Fremdbesitzer überschreitet die Grenzen seines vermeintlichen Besitzrechts
41. Behandlung dieser Fälle?	sowohl §§ 987 ff wie §§ 823 ff sind anwendbar

121

Stichwortverzeichnis

124